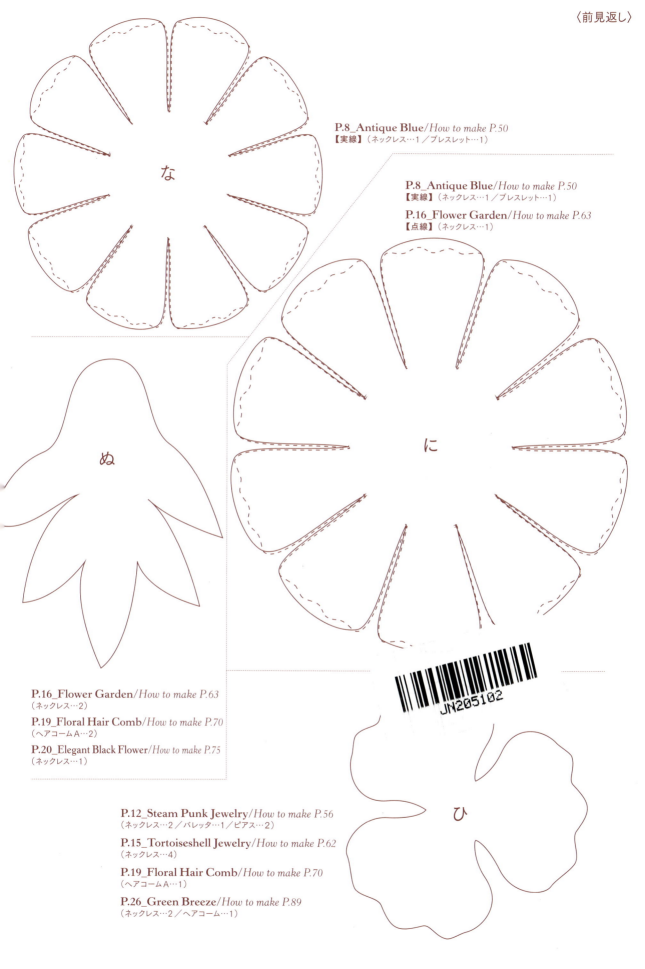

"エナメルジュエリー"を自宅で再現

『ジュエリープラバン』の教科書

NanaAkua
ナナアクヤ

『ジュエリープラバン』はジュエリーショップで目にする、
金属に"ガラス質のエナメル塗装"をほどこした"エナメルジュエリー"を、
プラバンを用いて自宅で再現することを目標にしました。
土台の素材がプラスチックなので、
身に着けて軽いのも魅力です。

講談社

CONTENTS

🌼 本書の着色分類 P.4

エナメル塗料、不透明マーカーなどを用いて
加熱後着色の草花モチーフアクセサリー

Red Rose P.6
▶how to make P.34、47

Antique Blue P.8
▶how to make P.34、50

Antique Gold Flower P.9
▶how to make P.35、52

White Pearl Floret P.7
▶how to make P.34、49

Art Nouveau Flower P.10
▶how to make P.35、53

Silver Frost Flower P.11
▶how to make P.36、55

Steam Punk Jewelry P.12
▶how to make P.36、56

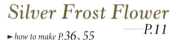

色鉛筆、デコペン、油性マーカーなどを用いて
加熱前着色の草花モチーフアクセサリー

Classic Pink P.13
▶how to make P.36、58

Tortoiseshell Jewelry P.15
▶how to make P.37、62

Orchid P.14
▶how to make P.37、60

Flower Garden P.16
▶how to make P.38、63

Yellow Flower Garland ········ *P.17*
▶ how to make *P.39*、67

Floral Hair Comb ········ *P.19*
▶ how to make *P.39*、70

Purple Weeping Flower ········ *P.18*
▶ how to make *P.39*、68

White Floral Bouquet ········ *P.21*
▶ how to make *P.43*、77

Oriental Flower ········ *P.23*
▶ how to make *P.44*、82

Elegant Black Flower ········ *P.20*
▶ how to make *P.42*、75

Olive ········ *P.22*
▶ how to make *P.43*、80

Viola ········ *P.24*
▶ how to make *P.44*、84

Green Breeze ········ *P.26*
▶ how to make *P.45*、89

Backyard Garden ········ *P.25*
▶ how to make *P.45*、86

Desert Flower ········ *P.27*
▶ how to make *P.46*、91

各作品実物大型紙

- ●あ〜か ········ P.93
- ●き〜さ ········ P.94
- ●し〜と ········ P.95
- ●な〜ひ ········ 前見返し
- ●ふ〜め ········ 後ろ見返し
- ●も〜ら ········ 本体表紙

本書の着色分類

着色技法は、1 すりガラス風、2 べっこう風、3 エナメルジュエリー風（加熱前着色、加熱後着色）、4 金属風、5 アンティーク加工の5種類。

※下記は作品の一例です。

加熱前着色

1 すりガラス風

1 加熱前着色

半透明プラバンのザラザラ面に油性マーカーを塗って、インクが乾く前にキッチンペーパーでぼかす。

2

花の中心から外側に向かって放射状にデコペンで筋を描く。

3

不透明マーカー（金）で輪郭や筋を描く。

4 成形

オーブントースターで加熱後、ザラザラの面を上にして、指や型を使って成形する。

2 べっこう風

1 加熱前着色

半透明プラバンのザラザラ面に油性マーカーを塗って、インクが乾く前にキッチンペーパーでぼかす。

2 加熱後表面加工

加熱成形後、ザラザラ面にUV-LEDレジン液を塗って、UV-LEDライトを30秒以上照射し、硬化させる。

3 エナメルジュエリー風（黒プラバン）

1 加熱前着色

黒プラバンに色鉛筆で花びらや葉の筋を描く。

2

スタンプインクブリリアンスをポンポンと直接塗って、乾燥させる。

3 加熱後着色

オーブントースターで加熱成形後、不透明マーカー（金）でふち取りする。

4 表面加工

UV-LEDレジン液を塗って、UV-LEDライトを30秒以上照射し、硬化させる。

3 エナメルジュエリー風（白プラバン）

1 加熱前着色

白プラバンに色鉛筆で花びらや葉の筋を描く。

2

キッチンペーパーに油性マーカーを塗って、エタノールでぼかしながら塗る。

3

表面を塗ったキッチンペーパーにさらにエタノールをしみこませ、裏面にも薄く色を塗る。

4 加熱後着色

オーブントースターで加熱成形後、指定があれば不透明マーカー（金）でふち取りする。

5 表面加工

UV-LEDレジン液を塗って、UV-LEDライトを30秒以上照射し、硬化させる。

加熱後着色

3 エナメルジュエリー風（不透明） ※エナメル塗料を塗った作品は光沢があるので、レジンを用いた表面加工はしない。

1 成形
半透明プラバンのツルツルの面を上にオーブントースターで加熱し、成形する。

2 加熱後着色
オーブントースターで加熱成形後、タミヤエナメル塗料をザラザラの裏面に塗り乾燥させる。

3
表面にも塗り、1日以上乾燥させる。

4
指定があれば不透明マーカー（金）でふち取りする。

筋を描く
筋を描く場合は、最初に塗った色が乾く前に爪楊枝で線を描く。

指定があれば不透明マーカー（金）でふち取りする。

〈タミヤエナメル塗料の色を混ぜる〉
混色する場合は、お弁当用のアルミカップに爪楊枝等でタミヤエナメル塗料を適量取り、混ぜ合わせる。

3 エナメルジュエリー風（半透明） ※エナメル塗料を塗った作品は光沢があるので、レジンを用いた表面加工はしない。

1 成形
半透明プラバンのツルツルの面を上にオーブントースターで加熱し、成形する。

2 加熱後着色
オーブントースターで加熱成形後、ペベオエナメル塗料をザラザラの裏面に塗り乾燥させる。

3
表面にも塗り、1日以上乾燥させる。

4
指定があれば不透明マーカー（金）でふち取りする。

4 金属風

1
半透明プラバンのザラザラの面を上にして、オーブントースターで加熱し、成形する。

2 加熱後着色
ザラザラ面に不透明マーカー（金）でふちまで着色し、乾燥させる。

5 アンティーク加工

1
不透明マーカー（金）をキッチンペーパーにつけてポンポンたたいてアンティーク加工する。

2
指定があれば不透明マーカー（金）でふち取りする。

> エナメル塗料、不透明マーカーなどを用いて
> # 加熱後着色の草花モチーフアクセサリー

Red Rose（赤い薔薇） how to make P.34、47
着色技法 加熱後着色 エナメルジュエリー風、金ふち取り

ゴージャスな作品も良いけれど、バラを一輪作ってブローチにしてみるのもオススメ。
ザラザラした面にも塗料をきちんと塗ることで、きれいな仕上がりに。

White Pearl Floret（白パールの小花）

着色技法　加熱後着色　エナメルジュエリー風　*how to make* P.34、49

加熱後にインクをポンポンと塗ることで、花のふちまでパールの輝きに。
チェーンに花をつける位置はお好みでどうぞ。

Antique Blue （アンティークブルー） *how to make P.34、50*

着色技法 加熱後着色 エナメルジュエリー風、アンティーク加工

金色の不透明マーカーでアンティーク風の加工も簡単。
メタルビーズをウッドビーズやアクリルビーズなどにアレンジするのもオススメ。

Antique Gold Flower（古美金色の花） *how to make P.35、52*

着色技法 加熱後着色 金属風

一見複雑そうに見えるけれど、全部同じパーツをつなげるだけ。
1輪だけを丸皿付きのピアス金具などに貼り付けても可愛いアクセサリーに。

Art Nouveau Flower （アールヌーボー風花） *how to make P.35、53*

着色技法 加熱後着色 エナメルジュエリー風、金ふち取り

ファンタジープリズム（塗料）の浮き上がった模様がガラス細工のよう。
ふちに金色の不透明マーカーを塗ることで、アールヌーボーのジュエリーのような雰囲気に。

Silver Frost Flower
（銀氷花） *how to make P.36、55*

着色技法 加熱後着色 金属風

お店で売っているチェーンに各パーツをつなげるだけ。
銀色の不透明マーカーを塗るとき、
放射状にわざとムラになるように塗って、
プラバンの色がそのまま出るようにしてもOK。

Steam Punk Jewelry
（スチームパンクジュエリー） *how to make P.36、56*

`着色技法` `加熱後着色` アンティーク加工

プラバンに押しあてるものは、レシピ通りのものがなくても、
家にあるほかのデコボコしたものや、
アルミホイルの中に豆のような小さな粒状のものを包んで押しあててもOK。

色鉛筆、デコペン、油性マーカーなどを用いて
加熱前着色の草花モチーフアクセサリー

※加熱後着色モチーフと組み合わせ、アクセサリーに仕立てているものもあります。

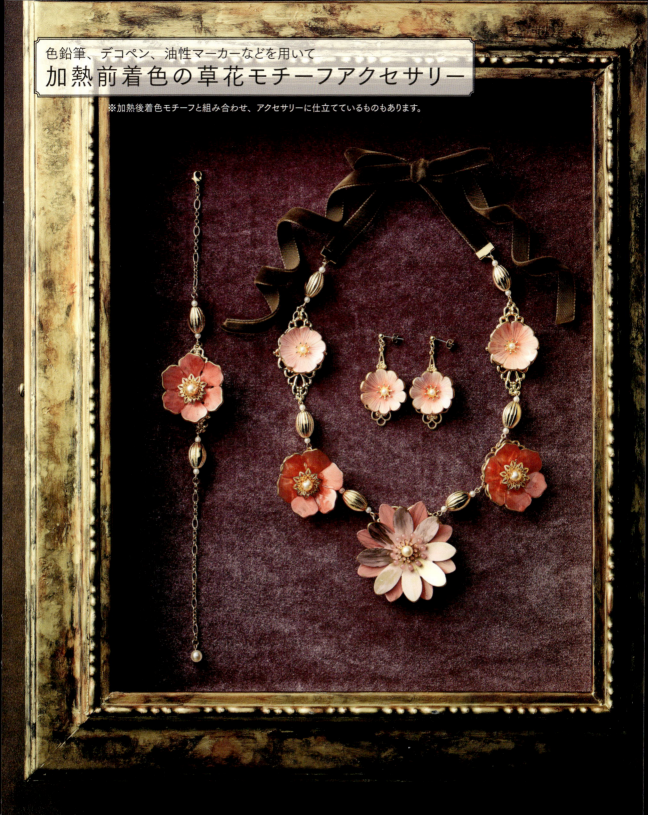

Classic Pink （クラシックピンク） how to make P.36、58

着色技法 | 加熱前着色 エナメルジュエリー風 | 加熱後着色 エナメルジュエリー風、金ふち取り

ピンクと言っても、使う画材や塗料によって様々な表情に。
金色をプラスすることで大人ピンクのアクセサリーに。

Tortoiseshell Jewelry (トータスシェル／べっこう風ジュエリー) *how to make P.37、62*

着色技法 加熱前着色 べっこう風、すりガラス風　加熱後着色 アンティーク加工、金ふち取り

艶のある作品はまるでべっこう細工のような仕上がりに。
3色のマーカーをランダムに塗るだけなので、
型紙通りにカットする前に一気にプラバンシートを塗ってしまうのもOK。

Flower Garden（花園）*how to make P.38、63*

| 着色技法 | 加熱前着色 エナメルジュエリー風 | 加熱後着色 エナメルジュエリー風、金ふち取り |

色とりどりの花が咲き乱れる花園のようなこの作品は、
レシピ通りではなくても、お好みの色で作れば自分だけの花園風アクセサリーに。

16

Yellow Flower Garland （黄色の花のガーランド） *how to make P.39、67*

着色技法 加熱前着色 エナメルジュエリー風

春の野原で摘んだ花をつなげて作ったようなアクセサリー。
花一輪のパーツでヘアピンなどを作るのもオススメ。

Purple Weeping Flower （紫のしだれ花） *how to make P.39、68*

着色技法 | 加熱前着色 すりガラス風 | 加熱後着色 金ふち取り

加熱後の成形方法を変えることで、型紙は同じものでも違う形に成形。
デコペンのラメが、アクセサリーが揺れるたびにキラキラして綺麗。

Floral Hair Comb （花のヘアコーム） *how to make P.39、70*

着色技法 | 加熱前着色 すりガラス風 | 加熱後着色 アンティーク加工、金ふち取り

ヘアコームの椿とピアスなどの椿は、実は全く同じ色で着色。
塗るときの方法でこんなふうにイメージが変わります。
もう一つの花のヘアコームは、金色をあえてムラを出しながら塗るのがコツ。

Elegant Black Flower (上品な黒い花) *how to make* P.42、75

着色技法　加熱前着色 エナメルジュエリー風　加熱後着色 金ふち取り

あえてアシンメトリーに仕立てたネックレス。
ラベンダー系のラメインクを使うことで、黒の中にも微妙なニュアンスが。

White Floral Bouquet （白い花のブーケ）　*how to make P.43、77*

着色技法　無着色 花　加熱前着色 葉／すりガラス風

白い小花は半透明プラバン（やすりがけをしたプラバン）そのままの色。
コロンとした花を組み立てるのはテグスなので意外と簡単。

Olive（オリーブ） *how to make P.43、80*

着色技法 | 無着色 花 | 加熱前着色 葉／すりガラス風

チェコラウンドビーズをオリーブの実に見立てて、オリーブの首飾り。
緑色の濃淡をあえていろいろつけることで、本当のオリーブの葉のイメージに。
葉の枚数はお好みで増減してみて。

Oriental Flower (東洋の花)
how to make P.44、82

| 着色技法 | 無着色 花 | 加熱前着色 すりガラス風 | 加熱後着色 金ふち取り |

塗らない部分を作ることでプラバンの地の色を生かした着色。
帯留めはカニカンで付いているので、房の部分が取り外し可能。
和装とコーディネートするのがおすすめ。

Viola（ビオラ） *how to make* P.44、84

着色技法 | 加熱前着色 エナメルジュエリー風 | 加熱後着色 金ふち取り

一見陶器のように見えるこの作品も白プラバン。
ビオラの色は多種多様なので、レシピの色以外にもお好みの色で作ってみて。
ふちの金色を少しはみ出すように描くのがコツ。

Backyard Garden （裏庭の花園） *how to make* P.45、86

着色技法 | 加熱前着色 エナメルジュエリー風 | 加熱後着色 金ふち取り

この小さな花々も白プラバン。裏庭にひっそりと咲く花のように、
小さくさりげない色とりどりの花は色鉛筆の線がポイント。
UVレジンはぷっくりするように塗ってより陶器風に。

Green Breeze （碧のそよ風） *how to make* P.45、89

着色技法 加熱前着色 すりガラス風

初夏の爽やかな雰囲気に合うこの着色は、加熱前の色を濃くしすぎないのがコツ。
花の先端の着色は、下に敷いた紙の上に、キッチンペーパーに染み込ませた
余分なインクを落としながら塗るとOK。

Desert Flower （砂漠の花） *how to make* P.46、91

着色技法 | 加熱前着色 すりガラス風 | 加熱後着色 金ふち取り

エスニックなこの色は、
黒のマーカーも少し使っているのがポイント。
ネックレスのウッドビーズとメタルビーズは、
お好みのものを好きなように通して作ってみて。

材料と用具

プラバン

プラスチック製の板。オーブントースターで加熱し、収縮させて使用。本書では半透明プラバン（やすりがけ済み）0.2mmを使用するほか、白・黒プラバン0.2mmを使用。
半透明プラバン（藤久）
白・黒プラバン（カワチ）

紙やすり（#320）

透明プラバンで作る場合、7〜8cm角にカットして使用。プラバンに細かな傷をつけることによって色鉛筆着色もしやすくなったり、マーカー着色のぼかし効果もでる。

はさみ

プラバンのカットに使用。刃先でプラバンを切ると割れる恐れがあるので、はさみは閉じきらず、常に刃の中央でカットするのがコツ。文具、手芸用のよく切れるはさみを使用。

カッターナイフ、カッターマット、穴あけパンチ（1穴、2穴）

プラバンを加熱する前に、アクセサリー金具を通す穴をあけるのに使用。穴あけパンチでは届かない部分はカッターマットを敷いて、カッターで作業する。

ピンバイス

プラバンにあらかじめ開けた穴がレジン加工でつまった場合や、加熱後に穴を開ける場合はピンバイスを使用。

不透明マーカー、デコペン

不透明マーカーは金属風やアンティーク加工、ふちどりなどで使用。デコペンは花筋や葉脈を描くのに使用。
マッキーペイントマーカー（ゼブラ）
デコレーゼ（サクラクレパス）

タミヤ　　ペベオ

エナメル塗料

本書では、ムラがでにくいタミヤエナメル塗料と、幻想的な模様と七宝焼のような光沢ある仕上がりが得られるペベオエナメル塗料を使用。
タミヤエナメル塗料（タミヤ）、
ペベオファンタジームーン／プリズム（ペベオ）

ブリリアンス

本体を持って、ポンポンと直接塗れるスタンプ用のインク。パールカラー、メタリックカラー、鮮明なマットカラーの3種類がある。
ブリリアンス（ツキネコ）

アルミカップ、スポイト、マドラー、綿棒、爪楊枝、筆

エナメル塗料の混色は、スポイトを使ってお弁当用アルミカップに入れ、マドラーなどで混ぜる。塗る際は筆、綿棒、爪楊枝などを使う。

UV-LEDレジン液、照射器、クリアホルダー

LEDライトでも、既存のUVライトでも硬化する進化版1液性レジン『星の雫』（ハードタイプ）は、専用の『UV-LEDスマートライトミニ』を使うと30秒ほどで硬化する。※ご家庭のLED照明は波長が異なるので硬化しません。
UV-LEDレジン星の雫、
UV-LEDスマートライトミニ（パジコ）

計量スプーン、凸凹のあるもの、スケッチブック

オーブントースターで加熱した後、花の形状や凹凸をつけるのに使用。スケッチブックにはさむと平らに成形できる。

接着剤

プラバンモチーフを組み立てたり、金具に接着するときに使用。手芸用等の金属、プラスチック両方に使える多用途のものを選ぶ。
ボンドウルトラ多用途クラフト（コニシ）

マスキングテープ
型紙をなぞる際にプラバンの固定に使用。着色したくない部分を保護するのにも役立つ。

目打ち
プラバンに模様を描いたり、図案をなぞるとき（印つけ）に使用。

色鉛筆
図案の輪郭をなぞったり、彩色したり、花筋や葉脈を描くのに使用。
色鉛筆 No.880（三菱鉛筆）

油性マーカー
輪郭を描いたり、プラバンに色をのせてキッチンペーパーでぼかしたり、キッチンペーパーに色をつけてからプラバンにこすりつけて使用。
ハイマッキー（ゼブラ）

アクセサリー用道具

キッチンペーパー、エタノール
油性マーカーのインクをこすって風合いをつけたり、エタノールを含ませて色をぼかすのに使用。

木綿100％手袋、ビニール手袋
木綿手袋はプラバンを加熱成形する際のやけど防止に装着して作業をする。ビニール手袋はレジン加工する際に装着し、作業をする。いずれも100円均一ショップなどで入手可能。

オーブントースター、アルミホイル
アルミホイルはくっつきにくいシリコーン加工タイプを選ぶ。予熱をしてから、プラバンを入れて加熱する。

手芸工具
アクセサリー加工に必要。平ヤットコはカンの開閉をする際、2つセットで使用するので2個用意すること（P.32参照）。

テグス、クラフトワイヤー
テグスは3号を使用。ネックレスやシャワーカンへのパーツ取り付けなどに使用。クラフトワイヤーは#28を使用。ヘアコームやスカシパーツへのパーツ取り付けなどに使用。

ビーズ用金具
ビーズやチェーンなどアクセサリーパーツをつなげるための基本金具。先を丸めて使用する。左からOピン、9ピン、Tピン、デザインピン。

スカシパーツ
作った草花パーツをクラフトワイヤーやテグスで編み込んだり、接着剤で直接パーツを貼る土台として使用。

花芯パーツ
座金・ミルククラウンやパール、ビーズなどを花芯パーツとして使用。接着剤で花に貼って使用する。

プラバンの基本技法

◆紙やすりをかける

1 必要な大きさよりも少し大きめのプラバンと、7〜8cm角に切った紙やすり320番を用意する。

2 全体が均一になるように、くるくると円を描くように紙やすりをかける。

> このときプラバンの粉が目や鼻に入らないように気をつける。

3 全体にムラなくやすりをかける。左のようにムラがあると、色がきれいにのらない。

〈備考〉本書では、やすりがけ済みの「半透明プラバン」を使用しています。

◆型紙を写す

1 半透明プラバン
やすりをかけたプラバンを型紙にのせ、ずれないようにマスキングテープで留める。

2 目打ちか摩擦熱で消えるマーカーで型紙をなぞる。目打ちで行う場合は力を入れすぎるとプラバンが割れるので注意。

黒プラバン
プラバンに型紙を写して切り、「型紙用プラバン」を作る。

黒プラバンに「型紙用プラバン」をのせ、まわりを摩擦熱で消えるマーカーでなぞる。

◆切る

1 裏返す
一度で切ろうとするとプラバンが割れるので、1辺を切ったら裏返して2辺目を切る。

2 角が残っている部分は後から丁寧に切る。

3 どの作品でも角は丸く落とすのが基本。

> 型紙どおりに切り落とした状態。

4 切り終わった後は、ウェットティッシュ等でインクを拭き取るとキレイに仕上がる。

◆穴をあける

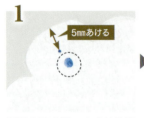

1 5mmあける
型紙を写す際、穴あけ位置の中心に点印をつけておく。穴あけ位置は割れ防止に穴の外側からプラバンの端まで5mmはあける。

2 着色が終わり輪郭線でカットしたら穴あけパンチで穴をあける。

3 2穴パンチであける場合は、底のカバーを外し、点印が穴の中央に来るようにする。

ピンバイス
加熱成形後のパーツにピンバイスで穴を開ける際は、垂直に力を入れて行う。

30

花びら・葉の成形

花の形づけは、オーブントースターで加熱し、熱いうちに行うのが基本です。

◆ プラバン加熱の基本

1
しわしわにしたアルミホイルをオーブントースターの天板に敷く。

2
オーブントースターはあらかじめ予熱し、手袋をはめておく。

3
庫内が温まったらプラバンを入れる。

4
（まだ早い／取り出しOK）
ゆがみがあるうちはまだ取り出さない。めくれあがった縁が再び平らになったら取り出す。

◆ 指で成形する

1 くぼませる
オーブントースターで加熱し、熱いうちに指の腹、指先で中央部分をくぼませる。

2 複数枚の花びら
2枚目以降の花は1枚目に重ねてカーブを沿わせるように曲げる。※上段（内側）の花から順に加熱し成形する。

反らせる
1枚目の花に重ね、花びらを外側に反らせる。

◆ 物を使って成形する

〈計量スプーン〉
花びらを反らせる場合はパーツより小さなサイズを選ぶ。花より大きなサイズで行うと花がお椀型になる。

〈凸凹パーツ〉
凸凹したものに押しあて、模様をつける。

〈色鉛筆（箸）〉 カップ状にする
着色面を外側にし、色鉛筆や箸などに押しあてて形成する。

〈スケッチブック〉 平らにする
スケッチブックにはさんで平らにする。

◆ レジン加工

1
ザラザラした面を上にして成形→クリアホルダーの上に加工したいパーツを置く→ふちまでUV-LEDレジン液を塗る（ビニール手袋着用）。

2 表面加工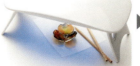
『UV-LEDスマートライトミニ』で30秒以上照射して硬化させる（従来の照射器で行う場合は2分以上照射する）。

脚をたたんで、手持ちで照射することもできる。

パーツ接着
接着したい部分にUV-LEDレジン液をたらし、パーツを配置し、UV-LEDライトで30秒以上照射する。表面加工とパーツ接着が同時にできる。

31

アクセサリー加工の基本

◆カンの開閉

1

丸カンのつなぎ目が上中心になるよう、平ヤットコではさむ。

2 ○
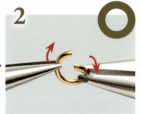
つなぎ目部分を前後にずらしてカンを開く。閉じる時も同様に。

×

つなぎ目部分を横に開くとカンがゆるむのでやってはいけない。

3

スカシパーツなどつけたいアクセサリーパーツに通して、閉じる。

◆ピン類、ひも止め金具、ワニグチ

1

Tピン（他のピンも同様）に指定のパーツを通す（パール→ミルククラウン→花パーツ→座金→ビーズで説明）。

2

平ヤットコでTピンの根元を直角に折り曲げてTピンの先を7〜8mm残してニッパーでカットする。

3 丸める

丸ヤットコでTピンの先を丸め、ビーズとパーツがぐらつかないようにしっかり締める。

めがね留め

9ピンを根元に3周巻きつけ、余分な部分はニッパーでカットする。

〈ひも止め金具〉

革ひもをひも止め金具に通す。

平ヤットコで金具を閉じる。

〈ワニグチ〉

ワニグチを丸カンでつなぎ、リボンをワニグチに入れる。

平ヤットコで閉じる。

◆テグスを使う

〈ボールチップ、カシメ玉〉

テグスに、ボールチップ→カシメ玉を通し、カシメ玉を平ヤットコでつぶす。

穴のサイズが大きい場合はカシメ玉の下でテグスを玉結びして、抜けないようにする。

余分なテグスを切って、ボールチップを閉じる。

〈カニカン、アジャスター〉

カニカンとアジャスターを丸カンでボールチップの穴につなぐ。

◆ワイヤーを使う

〈ヘアコームにつける〉

取り付けたいパーツに何度かしっかり巻き付け、先端を平ヤットコでつぶし、固定する。巻き終わりも同様に行う。

バランスを見ながら、葉、ビーズ、花をつける。ワイヤーをねじりすぎると切れるので注意する。

〈スカシパーツにつける〉

取り付けたいパーツにワイヤーを5回ほど巻き付け、余分をニッパーで短く切る。先端を平ヤットコでつぶし、固定する。巻き終わりも同様にする。

スカシパーツや歯車パーツ同士をつなげたりするのにも使う。

各作品で使ったスカシパーツ

〈スカシパーツ名称〉①角丸四角41mm（G）、②座金53mm（G）、③座金50×29mm（G）、④楕円34×25mm（G）、⑤座金30.5mm（G）、⑥座金57×16mm（G）、⑦カン付40×18mm（G）、⑧ガーランド9×32mm（G）、⑨6弁花15mm（G）、⑩スチームパンク透かしパーツ021（円形）、⑪月大（S）

〈シャワーカンにつける〉

テグスを4〜5cm残し、シャワーカンの穴2つにテグスを通す。結ばなくても抜けない。

隣の穴からテグスを出し、パーツを順に通してテグスを元の穴に戻して引く。

1周まわりを編んでから内側をうめる。

巻き始めと巻き終わりのテグスを結び、余分は切る。シャワー台をはめて、ツメを折る。

作品別 花・葉パーツの作り方

P.6 Red Rose
着色技法 加熱後着色 エナメルジュエリー風、金ふち取り　材料、型紙組み合わせ、アクセサリーの仕立て方 →P.47参照

●共通… バラ(大) 〈成形〉…オーブントースターで加熱し、ツルツル面を上にして成形する（P.31参照）。

1 加熱後着色
タミヤエナメル塗料（ゴールドリーフ）、（レッド）をアルミカップで混ぜて塗る。

2
乾燥後、不透明マーカー（金）でふち取りする。

3 花の組み立て
小さい花パーツから順に接着剤で貼る。

4
中央に接着剤で花芯パーツを貼る。

●バングル、ブローチ、ネックレス… 小花A、B 〈成形〉…オーブントースターで加熱し、ツルツル面を上にして成形する（P.31参照）。

1 加熱後着色
【小花A】2枚、【小花B】1枚をタミヤエナメル塗料（オレンジ）で塗り、（レッド）で線を描く。

2
【小花A】2枚、【小花B】1枚をペベオエナメル塗料（イングリッシュレッド）で塗る。

3
【小花A】1枚、【小花B】1枚をペベオエナメル塗料（アプリコット）で塗る。

4
中央に接着剤で花芯パーツを貼る。

P.7 White Pearl Floret
着色技法 加熱後着色 エナメルジュエリー風　材料、型紙組み合わせ、アクセサリーの仕立て方 →P.49参照

●共通… 小花D、G 〈成形〉…オーブントースターで加熱し、指の腹、指先で中央部分をくぼませる。

1 加熱後着色
加熱成形後にブリリアンス（プラチナプラネット）をポンポンと塗り、乾燥させる。

2 花の組み立て
（ピアス以外）ピンバイスで花の中心に穴をあける。

3
Tピンにパール→ミルククラウン（メタルビーズ）→花→丸小ビーズの順に通し、ピンの余分をカットして丸める（ピアスは貼るだけ）。

4 表面加工
レジン加工する（P.31参照）。

P.8 Antique Blue
着色技法 加熱後着色 エナメルジュエリー風、アンティーク加工　材料、型紙組み合わせ、アクセサリーの仕立て方 →P.50参照

●指輪、ネックレス… 中花A　●ブレスレット、ネックレス… 大花D

1 成形
【中花A】は加熱し、ツルツル面を上にして、計量スプーンや指先で中央部分をくぼませる。

2
【大花D】は加熱し、2枚目の花はひとつ前の花に沿わせてカーブを合わせる。

3 加熱後着色
タミヤエナメル塗料（スカイブルー）と（ホワイト）をアルミカップで混ぜて塗り、乾燥させる。

4
不透明マーカー(金)をキッチンペーパーにつけてポンポンたたき、アンティーク加工する。

5 花の組み立て
花を接着剤で貼り、中央に接着剤で花芯パーツを貼る。

中花A　大花D

P.9 Antique Gold Flower
着色技法　加熱後着色　金属風
材料、型紙組み合わせ、アクセサリーの仕立て方　→P.52参照

● 共通… 小花E

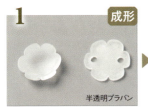

1 成形　半透明プラバン
加熱後、(上段花)ザラザラ面を上にして指の腹、指先で中央部分をくぼませる。(下段花)スケッチブックにはさんで平らにする。

2 加熱後着色
ザラザラ面に不透明マーカー(金)でふちまで着色する。下段花の中央は綿棒で塗料をぬぐい、接着しやすくする。

3 花の組み立て
上下の花を接着剤で貼る。

4 表面加工・接着
花芯パーツを置き、レジン加工する(P.31参照)。ピアスは上段花を3つずつまとめてレジンを塗り、接着する。

P.10 Art Nouveau Flower
着色技法　加熱後着色　エナメルジュエリー風、金ふち取り
材料、型紙組み合わせ、アクセサリーの仕立て方　→P.53参照

● バックチャーム、ネックレス… 大花A

1 成形　半透明プラバン
1枚目は加熱後、ツルツル面を上にして、計量スプーンにのせて曲げ、2枚目は、1つ前の花に重ねてカーブを沿わせるように曲げる。

2 加熱後着色
ペベオエナメル塗料(パールバイオライン)で塗り、乾燥させる。

3
不透明マーカー(金)でふち取りする。

4 花の組み立て
花パーツと花芯パーツを接着剤で貼る。

● 共通… 小花A、C

1 成形　半透明プラバン
小花A　小花C
加熱し、ツルツル面を上にして、指の腹、指先で中央部分をくぼませる。

2 加熱後着色
【小花A】はペベオエナメル塗料(アプリコット)で塗る。【小花C】はタミヤエナメル塗料(パープル)、(スカイブルー)、(ホワイト)をアルミカップで混ぜて塗り、乾燥させる。

3
【小花C】は乾燥後不透明マーカー(金)をキッチンペーパーにつけてポンポンたたいてアンティーク加工し、ふち取りする。

4 花の組み立て
中央に接着剤で花芯パーツを貼る。

P.11 Silver Frost Flower
着色技法 加熱後着色 金属風　材料、型紙組み合わせ、アクセサリーの仕立て方 →P.55参照

●共通…小花A、B

1 成形

加熱し、ザラザラ面を上にして指の腹、指先で中央部分をくぼませる。

2 加熱後着色

ザラザラ面に不透明マーカー（銀）でふちまで着色する。（放射状にムラのある塗り方でもOK）

3

乾燥後目打ちで放射状に筋を削る。

4 花の組み立て

中央に接着剤で花芯パーツを貼る。

P.12 Steam Punk Jewelry
着色技法 加熱後着色 アンティーク加工　材料、型紙組み合わせ、アクセサリーの仕立て方 →P.56参照

●共通…中花D、E

1 成形

加熱し、熱いうちに凸凹のものに押しあて、模様をつける。

2 加熱後着色

不透明マーカー（金）をキッチンペーパーにつけて、ぽんぽんと塗り、アンティーク加工する。

3

不透明マーカー（金）でふち取りする。

4 花の組み立て

中央に花芯パーツを接着剤で貼る。

P.13 Classic Pink
材料、型紙組み合わせ、アクセサリーの仕立て方 →P.58参照

〈成形〉…オーブントースターで加熱し、ツルツル面を上にして、指の腹、指先で中央部分をくぼませる。

●ブレスレット、ネックレス…中花C／大花H　着色技法 加熱後着色 エナメルジュエリー風、金ふち取り

1 加熱後着色

加熱成形後、【中花C】はペベオエナメル塗料（イングリッシュレッド）を塗り、不透明マーカー（金）でふち取りする。

2

【大花H】はタミヤエナメル塗料（ピンク）を1段目の花に塗る。（レッド）を少し足して2段目の花に塗り乾燥させる。

3

完全に乾燥させた後、【大花H】に不透明マーカー（金）をキッチンペーパーで放射状に塗る。

4 花の組み立て

花びらを接着剤で貼り、花芯パーツを接着剤で貼る。

●ピアス、ネックレス…小花J　着色技法 加熱前着色 エナメルジュエリー風

1 加熱前着色

色鉛筆（あかむらさき）で花びらの筋を描く。

2

油性マーカー（ライトブラウン）、（ピンク）とエタノールをキッチンペーパーにつけ、ぼかしながら着色する。

3 加熱後着色

加熱し、中央部分をくぼませる。不透明マーカー（金）でふち取りする。

4 表面加工

レジン加工（P.31参照）し、花芯を接着剤で貼る。

P.14 Orchid

着色技法　加熱前着色：エナメルジュエリー風　加熱後着色：金ふち取り

材料、型紙組み合わせ、アクセサリーの仕立て方 → P.60参照

● 共通…蘭（大、小）

〈かんざし〉

1 加熱前着色

油性マーカー（赤）、（紫）をキッチンペーパーにつけ、エタノールでぼかしながら着色する。

〈ピアス〉

1 加熱前着色

油性マーカー（紫）（ライトブルー）をキッチンペーパーにつけ、エタノールでぼかしながら着色する。

油性マーカー（ライトグリーン）（黄）をキッチンペーパーにつけ、エタノールでぼかしながら着色する。

油性マーカー（ピンク）をキッチンペーパーにつけ、ぼかしながらふちに着色する。

〈ネックレス〉

1 加熱前着色

油性マーカー（ライトグリーン）、（ライトブルー）をキッチンペーパーにつけエタノールでぼかしながら着色する。

油性マーカー（紫）をキッチンペーパーにつけ、エタノールでぼかしながら着色する。

油性マーカー（青）をキッチンペーパーにつけ、エタノールでぼかしながら着色する。

〈共通〉

2 成形

上パーツを加熱し、下部はギュッと狭める。上部は外へ反らせる。

下パーツも加熱し、上パーツに重ねながら外側へゆるやかに反らせる。

3 加熱後着色

ブリリアンス（パールオーキッド）または（パールラベンダー）をふちにポンポンと塗り乾燥させる。

〈かんざし、ネックレス〉

4

不透明マーカー（金）でふち取りする。

〈共通〉

5 表面加工

レジン加工する（P.31参照）。

P.15 Tortoiseshell Jewelry

材料、型紙組み合わせ、アクセサリーの仕立て方 → P.62参照

着色技法　加熱前着色：べっこう風、すりガラス風　加熱後着色：アンティーク加工、金ふち取り

● ピアス、ネックレス…小花A、中花E
● かんざし、ネックレス…大花E、中花C

〈共通〉

1 加熱前着色

油性マーカー（黒）、（茶）、（ライトブラウン）をそれぞれキッチンペーパーにつけ、エタノールでぼかしながらザラザラ面に着色する。

すりガラス風

2 成形

加熱し、ザラザラ面を上にして一重の花は指の腹、指先で中央部分をくぼませる。八重の花は2枚目以降の花を1つ前の花に重ねてカーブを沿わせるように曲げる。

3 加熱後着色

【小花A】、【中花E】は、不透明マーカー（金）をキッチンペーパーにつけて、ザラザラ面を全体的にこすり、アンティーク調にする。

べっこう風

その後、不透明マーカー（金）で放射状に線を描き、ふち取りする。

4 表面加工・接着

【大花E】は花を重ね、まとめてレジンを塗り、ライトで照射し硬化させる(P.31参照)。パーツ接着と表面加工が一緒にできる。【中花C】も同様。

P.16 Flower Garden

材料、型紙組み合わせ、アクセサリーの仕立て方 →P.63参照

着色技法 加熱前着色 エナメルジュエリー風 ●ネックレス… 大花C 1セット、大花J 1枚

1 加熱前着色
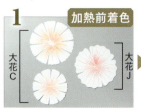
白プラバンに指定の色鉛筆で花の筋を描く。

2

指定の油性マーカーをキッチンペーパーにつけ、エタノールでぼかしながら着色する。

3 成形・組み立て

加熱し、成形する。不透明マーカー（金）でふち取りし、レジン加工する（P.31参照）。それぞれ指示通り花パーツを組み立てる。

●ネックレス… ビオラ

1 加熱前着色

色鉛筆で花の筋を描く。指定の油性マーカーをキッチンペーパーにつけ、エタノールでぼかしながら着色し、インクが乾く前に次の色を同様に着色し、混色する。

2 成形

加熱し、上段の花弁は指の腹、指先で内側にゆるやかに曲げる。

3

下段の花弁は上花弁に重ねてカーブが合うように成形し、上部を少し反らせる。レジン加工後、花を接着剤で貼り、花芯のラインストーンを貼る。

葉F 2枚 ※レジン加工に仕上げる

1 成形

色鉛筆（みどり）で葉の筋を描く。油性マーカー（ライトグリーン）をキッチンペーパーにつけ、エタノールでぼかしながら着色する。加熱し、葉の根元を押さえ成形する。

着色技法 加熱後着色 エナメルジュエリー風、金ふち取り

●バレッタ、ピアス、ネックレス共通… 小花A ●ピアス、ネックレス… 小花B ●ネックレス… 小花J

〈共通〉

1 成形

半透明プラバンを加熱し、ツルツル面を上にして、指の腹、指先で中央部分をくぼませる。

2 加熱後着色

【小花A】3枚、【小花B】2枚はペベオエナメル塗料（アプリコット）を塗り乾燥させる。

3

【小花A】5枚、【小花B】4枚は、タミヤエナメル塗料（レッド）を塗り、タミヤエナメル塗料（レモンイエロー）でラインを描き、乾燥させる。

【小花A】4枚、【小花B】2枚は、タミヤエナメル塗料（オレンジ）を塗り、タミヤエナメル塗料（レッド）でラインを描き、乾燥させる。

〈共通〉

4

【小花J】はタミヤエナメル塗料（ライトグリーン／左）、クリヤーグリーン／右）を塗り、乾燥させる。

5

全てのパーツに不透明マーカー（金）でふち取りする。

6 花の組み立て

バレッタ、ネックレスは花芯を接着剤で貼る。ピアスはOピンでまとめる。

P.17 Yellow Flower Garland 着色技法 加熱前着色 エナメルジュエリー風　材料、型紙組み合わせ、アクセサリーの仕立て方 →P.67参照

●共通… 小花 A、D

1 加熱前着色

油性マーカー（オレンジ）、（黄）をキッチンペーパーにつけ、エタノールでぼかしながら着色する。

2 成形

加熱し、指の腹、指先で中央部分をくぼませる。

3 表面加工

レジン加工する（P.31参照）。

4 花の組み立て

（ピアス用のみ）ピンバイスで花の中心に穴をあける。パーツを組み立てる（P.67参照）。

P.18 Purple Weeping Flower 材料、型紙組み合わせ、アクセサリーの仕立て方 →P.68参照

●共通… 小花 K（つぼみ、開花ab）　着色技法 加熱前着色 すりガラス風　加熱後着色 金ふち取り

1 加熱前着色

油性マーカー（紫）をキッチンペーパーにつけ、エタノールでぼかしながらザラザラ面に着色する。

2

花の中心から外側に向かって放射状にデコペン（ラメベビーブルー）で花びらの筋を描く。

3

（開花bのみ）不透明マーカー（金）で花の筋を描き、ふち取りする。

4

穴あけパンチで穴をあける。

5 成形

加熱し、（つぼみ）は鉛筆を芯にして着色面を外側にして曲げる。（開花ab）はザラザラ面を上にして中心をくぼませる。

6 加熱後着色

3で作った（開花b）は不透明マーカー（金）でふち取りをする。

7 花の組み立て

Tピンに、パール→つぼみ→座金→丸小ビーズの順に通し、Tピンの先を丸める。

8

Tピンに、丸小ビーズ→パール→ミルククラウン→開花→座金→丸小ビーズの順に通し、Tピンの先を丸める。

P.19 Floral Hair Comb 着色技法 加熱前着色 すりガラス風　加熱後着色 アンティーク加工、金ふち取り　材料、型紙組み合わせ、アクセサリーの仕立て方 →P.70参照

●ヘアコームA… 大花 E

1 加熱前着色

油性マーカー（ライトブラウン）をキッチンペーパーにつけ、エタノールで薄め、ぼかしながらザラザラ面に着色する。（ピンク）はキッチンペーパーにつけた後、余分なインクを落とし花びら先端に塗る。

2

不透明マーカー（金）でラインを描く。

3 成形

1枚目を加熱し、ザラザラ面を上にして指の腹にのせて曲げる。2枚目以降の花は1つ前の花に重ねてカーブを沿わせるように曲げる。

4 加熱後着色

不透明マーカー（金）でふち取りする。花を接着剤で貼り、花芯を接着剤で貼る。

● ヘアコームA…　小花D

1 加熱前着色
油性マーカー（青）、（黒）をキッチンペーパーにつけ、ぼかしながらザラザラ面に着色する。

2
不透明マーカー（金）でラインを描く。

3 成形・加熱後着色
加熱し、ザラザラ面を上にして、指の腹にのせて曲げ、不透明マーカー（金）でアンティーク加工とふち取りをする。

4 花の組み立て
花芯パーツを接着剤で貼る。

● ヘアコームA…　小花A＋小花B

1 加熱前着色
【小花B】は油性マーカー（ピンク）とエタノールをキッチンペーパーにつけ、ぼかしながらザラザラ面に着色する。

2
【小花A】、1の【小花B】に不透明マーカー（金）でラインを描く。

3 成形
【小花B】を加熱し、ザラザラ面を上にして、指の腹にのせて曲げる。【小花A】は、小花Bに沿わせて曲げる。

葉F

1 成形
葉は加熱し、葉先が浮くように曲げる。

2 加熱後着色
不透明マーカー（金）をキッチンペーパーに取り、ザラザラ面にポンポンと塗ってアンティーク加工する。不透明マーカー（金）でふち取りをする。

4 加熱後着色
不透明マーカー（金）をキッチンペーパーに取り、ザラザラ面にポンポンと塗ってアンティーク加工し、不透明マーカー（金）でふち取りをする。

5 花の組み立て
【小花B】→【小花A】を接着剤で貼り、花芯も接着剤で貼る。

● ヘアコームB、ピアス、コサージュクリップ共通…　椿（大）（小）

1 加熱前着色
油性マーカー（赤）、（紫）をキッチンペーパーにつけ、ぼかしながらザラザラ面に着色する。全面に塗るか、筋で塗るかで雰囲気が異なる。

2 成形
1枚目を加熱し、ザラザラ面を上にして、指の腹にのせて曲げる。2枚目以降の花は、1つ前の花に重ねてカーブを沿わせるように曲げる。

3 加熱後着色
不透明マーカー（金）でふち取りをする。

4 花芯を作る
コットンパール（ピアスは半円パール）に丸小ビーズをレジン接着して花芯を作る（P.43参照）。花芯は花に接着剤で貼る。

● ヘアコームB…　バラ（中）

1 加熱前着色	2 成形	3 加熱後着色	4 花の組み立て

油性マーカー（黒）、（ライトブルー）をキッチンペーパーにつけ、エタノールでぼかしながらザラザラ面に着色する。	1枚目を加熱し、ザラザラ面を上にして、指の腹にのせて曲げる。2枚目以降は、1つ前の花に重ねてカーブを沿わせるように曲げる。	不透明マーカー（金）でふち取りをする。	花を接着剤で貼り合わせ、花芯用のラインストーンを貼る。

● ヘアコームB…　小花I

1 加熱前着色	2 成形	3 加熱後着色	4 花の組み立て

油性マーカー（黄）、（ライトブラウン）をキッチンペーパーにつけ、エタノールでぼかしながらザラザラ面に着色する。	加熱し、ザラザラ面を上にして、指の腹、指先で中央部分をくぼませる。	不透明マーカー（金）でふち取りをする。	花の中心にピンバイスで穴を開ける。

● ヘアコームB…　葉A、B

1 加熱前着色	2 成形	3 加熱後着色	4 花の組み立て

油性マーカー（ライトグリーン）、（ライトブラウン）をキッチンペーパーにつけ、エタノールでぼかしながらザラザラ面に着色する。	加熱し、ザラザラ面を上にして、少しひねって葉の動きを出す。	不透明マーカー（金）でふち取りをする。	葉の先端にピンバイスで穴を開ける。

● コサージュクリップ…　葉H

1 加熱前着色	2	3 成形	4 加熱後着色

油性マーカー（緑）をキッチンペーパーにつけ、ぼかしながらザラザラ面に着色する。	油性マーカー（紫）をキッチンペーパーでこすって葉脈を描くように着色する。	加熱し、ザラザラ面を上にして、ぺったりならないように葉先を起こす。	不透明マーカー（金）でふち取りをする。

41

P.20 Elegant Black Flower

着色技法　加熱前着色 エナメルジュエリー風／加熱後着色 金ふち取り
材料、型紙組み合わせ、アクセサリーの仕立て方　→ P.75 参照

● 共通… 中花F、小花D

1 加熱前着色

油性マーカー（黒）をキッチンペーパーにつけ、エタノールでぼかしながらザラザラ面に着色する。

2

ブリリアンス（パールラベンダー）をポンポンと塗る。

3 成形

【中花F】は加熱し、ザラザラ面を上にして、指の腹、指先で中央部分をくぼませる。

4 上　下

【小花D】は上の花のカーブに合わせて、下の花を成形する。

5 加熱後着色

不透明マーカー（金）でふち取りをする。【中花F】は表側にも少しはみ出すようにマーカーを塗る。

6 表面加工・接着

花に花芯パーツを置き、レジンを塗り、照射し硬化させる。パーツ接着と、表面加工が同時にできる（P.31参照）。

● ネックレス… 小花G

1 加熱前着色

ザラザラ面に色鉛筆（うすだいだい）で線を描く。

2

油性マーカー（黒）をキッチンペーパーにつけ、エタノールでぼかしながら着色する。

3

ブリリアンス（パールラベンダー）をポンポンと塗る。

4 成形

ザラザラ面を上にして、オーブントースターで加熱し、指先で中央部分をくぼませる。

5 加熱後着色

不透明マーカー（金）でふち取りをする。

6 表面加工・接着

花芯のブリオンをレジンで接着する（P.31参照）。

● ネックレス… 椿（中）、バラ（中）、葉F

1 加熱前着色

黒プラバンにブリリアンス（パールラベンダー）をポンポンと塗り、乾燥させる。

2 成形

椿、バラは1枚目を加熱し、指の腹や指先で曲げる。2枚目以降の花は、1つ前の花に重ねてカーブを沿わせるように曲げる。葉は指の腹や指先で曲げる。

3 加熱後着色

不透明マーカー（金）でふち取りする。

〈レジンで作る花芯〉

4 表面加工

花パーツを接着剤で貼り合わせてからレジン加工する（P.31参照）。

5 花芯を作る

クリアホルダーの上でレジン液とビーズを爪楊枝でねり合わせ→パールの穴に目打ちを刺し→貼りつける。

6

UVライトを照射して固める（半円パールの場合はクリアホルダーに置いて作れば良い）。

花の組み立て

花芯パーツを接着剤で花に貼る。

● ネックレス… 小花G、葉G

1 加熱前着色

色鉛筆（うすだいだい）で線を描く。

2

ブリリアンス（パールラベンダー）をポンポンと塗り、乾燥させる。

3 成形・加熱後着色

加熱し、少し曲げる。不透明マーカー（金）でふち取りをする。

4 表面加工・接着

レジンを塗って表面加工し、【小花G】は花芯パーツをレジンで接着する（P.31参照）。

P.21 White Floral Bouquet

着色技法： 無着色 花 ／ 加熱前着色 葉／すりガラス風

材料、型紙組み合わせ、アクセサリーの仕立て方
→ P.77参照

● 共通… 小花I

1 成形
花は無着色のまま加熱し、ザラザラ面を上にし、指の腹、指先で中央部分をくぼませる。中心にピンバイスで穴をあける。

● 共通… 葉C

1 加熱前着色

半透明プラバンに油性マーカー（ライトブラウン）、（ライトグリーン）をキッチンペーパーにつけ、エタノールでぼかしながらザラザラ面に着色する。

2 成形

葉は加熱し、ザラザラ面を上にして、指先で軽く曲げる。根元にピンバイスで穴をあける。

P.22 Olive

着色技法： 無着色 花 ／ 加熱前着色 葉／すりガラス風

材料、型紙組み合わせ、アクセサリーの仕立て方
→ P.80参照

● 共通… 小花G

成形
花は無着色のまま加熱し、ザラザラ面を上にし、指の腹、指先で中央部分をくぼませる。ピンバイスで中心に穴をあける。

● 共通… 葉A、B

1 加熱前着色

半透明プラバンに油性マーカー（ライトグリーン）、（緑）をキッチンペーパーにつけ、ぼかしながらザラザラ面に着色する。

2 成形

葉は加熱し、ザラザラ面を上にして、指先で軽くひねる。ピンバイスで葉の根元に穴をあける。

P.23 *Oriental Flower*

着色技法　無着色 花　加熱前着色 金の筋、輪郭　材料、型紙組み合わせ、アクセサリーの仕立て方 →P.82参照
　　　　　加熱前着色 すりガラス風
　　　　　加熱後着色 金ふち取り

●帯留め、ピアス… はなみずき（大）、中花F

1 加熱前着色

半透明プラバンのザラザラ面に不透明マーカー（金）で花の筋と輪郭の線を描く。

2 成形

加熱し、ザラザラ面を上にして、指の腹、指先で中央部分をくぼませ、花の縁は反らせるように曲げる。（金）でふち取りする。

3 花芯を作る
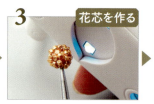
コットンパールにビーズをレジンで接着して花芯を作る（P.43椿の花芯参照）。

4 花の組み立て

花芯パーツを花の中央に接着剤で貼る。

●帯留め、ピアス… 蘭（大）（小）

1 加熱前着色

半透明プラバンのザラザラ面に油性マーカー（赤）、（ピンク）をキッチンペーパーにつけ、エタノールでぼかしながら花びら先端を中心に着色する。

2

不透明マーカー（金）で筋を描く。

3 成形

上パーツを加熱し、ザラザラ面を上にして、下部をギュッと狭め、上部は外へ反らせる。

4

下パーツを加熱し、上パーツに重ねながら外側へゆるやかに反らせる。（金）でふち取りする。

5 花の組み立て

花芯パーツ、花を組み立てる（P.83参照）。

●帯留め… 葉H

1 加熱前着色

半透明プラバンのザラザラ面に油性マーカー（緑）をキッチンペーパーにつけ、ぼかしながら着色する。

2

不透明マーカー（金）で花の筋と輪郭の線を描く。

3 成形

ザラザラ面を上にして、加熱し、指先で軽く曲げる。

P.24 *Viola*

着色技法 加熱前着色 エナメルジュエリー風　加熱後着色 金ふち取り　材料、型紙組み合わせ、アクセサリーの仕立て方 →P.84参照

●カブトピンブローチ… ビオラ　※花パーツの作り方は基本的に同様。着色のみ多少異なる。

1 加熱前着色

白プラバン
上の花弁に色鉛筆（やまぶきいろ）→（むらさき）の順で花筋を描く。

2

上下花弁に油性マーカー（ピンク）、（オレンジ）をキッチンペーパーにつけ、エタノールでぼかしながら着色する。端の濃い部分も同じ色で塗り重ねている。

3 成形

加熱し、上の花弁は指の腹、指先で内側にゆるやかに曲げる。

4

下の花弁は上花弁に重ねてカーブが合うように成形する。上部を少しだけ反らせる。

44

5 加熱後着色	6 表面加工	7 花の組み立て

不透明マーカー（金）でふち取りする。	レジン加工する（P.31参照）。	上下の花弁を接着剤で貼り、上花弁の中心に接着剤でラインストーンを貼る。

●ネックレス… 葉

1 加熱前着色	2	3 成形・加熱後着色	4 表面加工

白プラバン			
色鉛筆（ちゃいろ）で葉脈を描く。	油性マーカー（ライトブラウン）、（ライトグリーン）をキッチンペーパーにつけ、エタノールでぼかしながら着色する。	加熱し、指先で軽く曲げ、不透明マーカー（金）でふち取りする。	レジン加工する（P.31参照）。

P.25 Backyard Garden

着色技法：加熱前着色 エナメルジュエリー風／加熱後着色 金ふち取り

材料、型紙組み合わせ、アクセサリーの仕立て方 → P.86参照

●ネックレス… 小花G ※花パーツの作り方は基本的に同様。【小花G】で説明。

1 加熱前着色	2	3 成形	4 表面加工・接着

白プラバン			
指定の色鉛筆【小花G】／ちゃ）、（しゅいろ）で花筋を描く。	油性マーカー【小花G】／黄）をキッチンペーパーにつけ、エタノールでぼかしながら着色する。	加熱し、指の腹、指先で内側にゆるやかに曲げる。	必要に応じて不透明マーカー（金）でふち取りする。花芯パーツをのせてレジン加工する（P.31参照）。

●ピアス… 小花E、葉E

1 花の組み立て	2

白プラバン	
【小花E】の中心にレジンでメタルビーズを貼る。	【葉E】にピンバイスで穴を開け、丸カンでスワロビーズをつける。花は接着剤で貼る。

〈花芯のいろいろ〉

小花B／小花D／小花E／小花H／小花G／葉A

P.26 Green Breeze

着色技法：加熱前着色 すりガラス風

材料、型紙組み合わせ、アクセサリーの仕立て方 → P.89参照

●ネックレス… 大花F	●ネックレス… 中花B	●ネックレス… 大花G
1 加熱前着色	1 加熱前着色	1 加熱前着色

半透明プラバン	半透明プラバン	半透明プラバン
油性マーカー（ライトブラウン）、（ライトグリーン）をキッチンペーパー上で混色し、中心と端が濃くなるようにぼかしながらザラザラ面に着色する。	油性マーカー（ライトグリーン）、（ライトブルー）をキッチンペーパーでぼかしながらザラザラ面に着色し、デコペン（ラメグリーン）で花筋を描く。	油性マーカー（ライトグリーン）をキッチンペーパーにつけ、ザラザラ面に中心だけにぼかして着色し、上の花だけデコペン（ラメグリーン）で中心に筋を描く。

45

2 成形

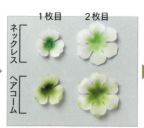

【中花B】1枚目を加熱し、ザラザラ面を上にして、成形する。2枚目も加熱し、1枚目に重ねて成形する。

【大花F】1枚目を加熱し、ザラザラ面を上にして、成形する。2枚目も加熱し、1枚目に重ねて成形する。

【大花G】1枚目を加熱し、ザラザラ面を上にして、成形する。2枚目も加熱し、1枚目に重ねて成形する。

花の組み立て

中央に接着剤で花芯パーツを貼る。

P.27 Desert Flower

着色技法：加熱前着色／すりガラス風／加熱後着色／金ふち取り
材料、型紙組み合わせ、アクセサリーの仕立て方　→P.91参照

[中花F1枚目、大花I奇数枚目] → [中花F 2枚目、大花I偶数枚目]

1 加熱前着色

油性マーカー（赤）、（オレンジ）をキッチンペーパーにつけ、ぼかしながらザラザラ面に着色する。

2

花の筋を不透明マーカー（金）で描く。

1 加熱前着色

油性マーカー（黒）をキッチンペーパーにつけ、ぼかしながらザラザラ面に着色する。

2

インクが乾く前に油性マーカー（赤）、（オレンジ）を同様に塗り、混色する。

〈共通〉

3

花の筋を不透明マーカー（金）で描く。

4

ザラザラ面を上にして加熱し、1つ前の花に重ねてカーブを沿わせるように曲げる。不透明マーカー（金）でふち取りする。

5 花の組み立て

花パーツを接着剤で貼り合わせる。

6

中央に接着剤で花芯パーツを貼る。

7

ピアスを組み立てる（P.92参照）。

8

ネックレスを組み立てる（P.92参照）。

作品別 材料、型紙組み合わせ、作り方、仕立て方

※スカシパーツNo.①〜⑪の詳細はP.33参照

P.6 Red Rose

着色技法 | 加熱後着色 | エナメルジュエリー風、金ふち取り

花パーツ作り方 →P.34参照　**型　紙** →P.93

※(G)…ゴールド、(MWH)…ミルキーホワイト

〈使用型紙〉

バングル
バラ（大）…1セット（あ・い・う各1枚＋え2枚）
小花A…お1枚　┊　小花B…か1枚

ブローチ
バラ（大）…1セット（あ・い・う各1枚＋え2枚）
小花A…お1枚　┊　小花B…か2枚

ネックレス
バラ（大）…1セット（あ・い・う各1枚＋え2枚）
小花A…お2枚

指輪
小花A…お1枚

〈花の材料〉

〔共通〕

プラバン
半透明プラバン 0.2mm厚

【バラ（大）／バングル、ブローチ、ネックレス用各1セット】

塗料
〈加熱後〉
タミヤエナメル塗料『X-12（ゴールドリーフ）』＋『X-7（レッド）』
ゼブラ マッキーペイントマーカー極細（金）…ふち取り

花芯
ツメ付ラインストーン 5mm（ライトローズ／G）…1個

【小花A／ネックレス用2枚】【小花B／ブローチ用1枚】

塗料
〈加熱後〉
タミヤエナメル塗料 X-6（オレンジ）
タミヤエナメル塗料 X-7（レッド）…ライン

花芯
〈ネックレス〉
ミルククラウン 12mm（グリーン）…各1個 ┐
ガラスパール 4mm（MWH）…各1個 ┘ ×2
〈ブローチ〉
座金 8.5mm（G）…1個
ガラスパール 4mm（MWH）…1個

【小花A／指輪用1枚、ブローチ用1枚】【小花B／バングル用1枚】

塗料
〈加熱後〉
ペベオエナメル塗料 ファンタジー プリズム（イングリッシュレッド）

花芯
〈指輪〉
ミルククラウン 13mm（イエロー）…1個

ガラスパール 4mm（MWH）…1個
〈ブローチ〉
ミルククラウン 13mm（イエロー）…1個
ガラスパール 4mm（MWH）…1個
〈バングル〉
ミルククラウン 8mm（G）…1個
ガラスパール 3mm（MWH）…1個

【小花A／バングル用1枚】【小花B／ブローチ用1枚】

塗料
〈加熱後〉
ペベオエナメル塗料 ファンタジー ムーン（アプリコット）

花芯
〈バングル〉
ミルククラウン 12mm（イエロー）…1個
ガラスパール 4mm（MWH）…1個
〈ブローチ〉
座金 8.5mm（G）…1個
ガラスパール 4mm（MWH）…1個

〈アクセサリー資材〉

〈バングル〉
バングル座金付（G）…1個

〈ブローチ〉
スカシパーツ② 座金 53mm（G）…1個
コットンパール 8mm…1個
スワロフスキー #4120 13×18mm（インディコライト）…1個
石座カン付き #4120 18×13mm（G）…1個
ブローチピン カブセ（G）…1個
Tピン 0.7×20mm（G）…1本
丸カン 0.8×5mm（G）…1個

〈ネックレス〉
スカシパーツ④ 楕円34×25mm（G）…1個
スカシパーツ⑧ ガーランド9×32mm（G）…2個
コットンパール
16mm…6個／14mm…8個／12mm…8個／
8mm…38個／6mm…20個
メタルビーズ 6×2mm（G）…6個
強力テグス 3号（クリア）…約60cm×2
丸カン 0.8×5mm（G）…6個
カニカン 7×5mm（G）…1個
アジャスター（G）…1個
カシメ玉（G）…4個
ボールチップ（G）…4個

〈指輪〉
スカシパーツ⑥ 座金 57×16mm（G）…1個
コットンパール 8mm…1個／6mm…1個
Oピン 0.5×20mm（G）…2本
丸カン 0.8×5mm（G）…1個

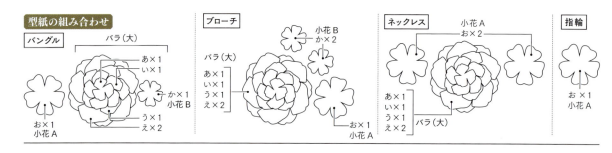

花パーツの作り方　→P.34参照

【バラ（大）】

〈成形〉
1. 1枚目（型紙あ）をオーブントースターで加熱し、ツルツル面を上にして、指の腹や指先で曲げる。
2. 2枚目以降（型紙い→う→え2枚）の花は、オーブントースターで加熱し、ツルツル面を上にして、1つ前の花に重ねてカーブを沿わせるように曲げる（P.31参照）。

〈加熱後着色〉

3. タミヤエナメル塗料（ゴールドリーフ）、（レッド）をアルミカップで混ぜて塗る。
4. 乾燥後、不透明マーカー（金）でふち取りする。

〈花の組み立て〉

5. 花は小さいパーツ順に接着剤でつける。
6. 中央に接着剤でラインストーンを貼る。

【小花A、B】

〈成形〉
1. オーブントースターで加熱し、ツルツル面を上にして、指の腹、指先で中央部分をくぼませる。

〈加熱後着色〉

2. ●【小花A】ネックレス用2枚、【小花B】ブローチ用1枚にタミヤエナメル塗料（オレンジ）を塗り、（レッド）で線を描く。
   ●【小花A】指輪用1枚、ブローチ用1枚、【小花B】バングル用1枚をペベオエナメル塗料（イングリッシュレッド）で塗る。
   ●【小花A】バングル用1枚、【小花B】ブローチ用1枚をペベオエナメル塗料（アプリコット）で塗る。

〈花の組み立て〉

3. 中央に接着剤でミルククラウン・座金→真ん中のパールの順で貼る。

アクセサリーに仕立てる

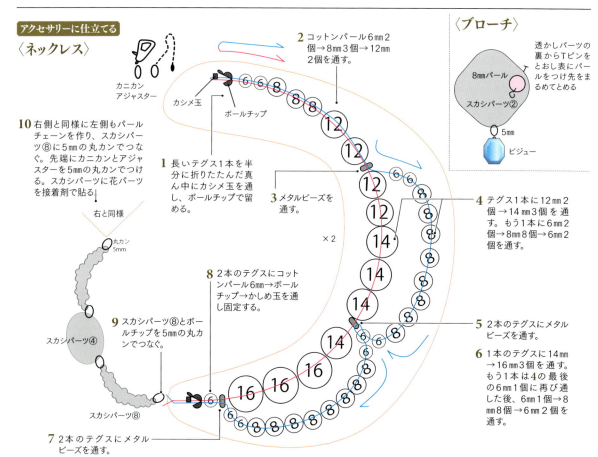

48

〈指輪の作り方〉
1 スカシパーツを自分の指のサイズに合わせて曲げる。a
2 指輪土台に小花Aを接着剤で貼る。
3 20mmのOピンにパールを通し、余分を切って先を丸める。2個を5mmの丸カンでつける。b

〈ブローチの作り方〉
1 スカシパーツにすべての花をボンドで接着する。
2 土台の裏から20mmのTピンを通しコットンパールを留める（花を貼った後お好みのすき間に）。
3 石座につけたスワロフスキーを5mmの丸カンで土台につける。c
4 裏にブローチピンを接着する。

〈バングルの作り方〉
1 花をボンドで接着して組み立てる。
2 バングルの土台にボンドで接着する。d

P.7 *White Pearl Floret*

着色技法 **加熱後着色** エナメルジュエリー風

花パーツ作り方 → P.34参照　　型紙 → P.95
※（G）…ゴールド、（MWH）…ミルキーホワイト

〈使用型紙〉
ピアス
小花D …し2枚
指輪
小花G …ち2枚
ネックレス
小花D …し3枚
小花G …ち10枚

〈花の材料〉
【共通】
プラバン
白プラバン 0.2mm厚
塗料
〈加熱後〉
ツキネコ ブリリアンス デュードロップ（プラチナプラネット）
表面加工
〈加熱後〉
パジコ UV-LEDレジン星の雫 ハードタイプ
花芯
〈小花D／ネックレス用3枚〉
ミルククラウン 10mm（G）…各1個
ガラスパール 6mm（MWH）…各1個
グラスビーズ 丸小（COL.557（薄金））…各1個
Tピン 0.7×20mm（G）…各1本
　　　　　　　　　　　　　×3

〈小花G／ネックレス用10枚〉
メタルビーズ 6×2mm（G）…各1個
ユリアパール 2.5mm（キスカ）…各1個
グラスビーズ 丸小（COL.557（薄金））…各1個
Tピン 0.7×20mm（G）…各1本
　　　　　　　　　　　　　×10

〈小花D／ピアス用2枚〉
ミルククラウン 10mm（G）…各1個
ガラスパール 6mm（MWH）…各1個
　　　　　　　　　　　　　×2

〈小花G／指輪用2枚〉
メタルビーズ 6×2mm（G）…各1個
ユリアパール 2.5mm（キスカ）…各1個
　　　　　　　　　　　　　×2

〈アクセサリー資材〉
〈ピアス〉
チタンピアス 6mm 貼付（G）…2個
〈指輪〉
リング台 14mm シャワーフリー（G）…1個
ガラスパール（MWH）6mm…2個／4mm…3個
ユリアパール 2.5mm（キスカ）…2個
強力テグス 3号（クリア）…25cm程度
〈ネックレス〉
デザインチェーン（G）…75cm程度
ガラスパール（MWH）6mm…4個／4mm…5個
グラスビーズ 丸小（COL.557（薄金））…1個
Oピン 0.6×30mm（G）…1本
Tピン 0.7×20mm（G）…7本
丸カン 1×6mm（G）…1個

型紙の組み合わせ

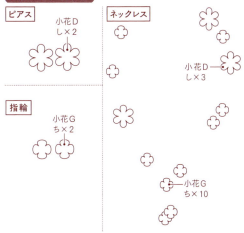

49

花パーツの作り方 →P.34参照

【小花D、G】
〈成形〉
1 オーブントースターで加熱し、指の腹、指先で中央部分をくぼませる。

〈加熱後着色〉
2 加熱後にブリリアンス（プラチナプラネット）をポンポンと塗り、乾燥させる。

〈花の組み立て〉
3 （ピアス以外）ピンバイスで花の中心に穴をあける。
4 20mmのTピンにパール→ミルククラウン（またはメタルビーズ）→花→丸小ビーズの順に通し、ピンの余分をカットして丸める（ピアスは貼るだけ）。

〈レジン加工〉
5 UV-LEDレジンを塗り、UV-LEDライトで30秒以上照射して硬化させる。

アクセサリーに仕立てる

〈ピアス〉
(1)ピアス金具に接着する。

〈指輪〉
(1)花の真ん中にピンバイスで穴を開け、シャワー台にテグスで花のパーツとパールを編み付け、台座につける。

〈ネックレス〉

1 花の真ん中の穴に、20mmのOピンにパールを通し、ピンの余分をカットして丸める。

裏面

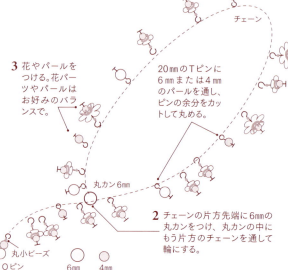

3 花やパールをつける。花パーツやパールはお好みのバランスで。

20mmのTピンに6mmまたは4mmのパールを通し、ピンの余分をカットして丸める。

2 チェーンの片方先端に6mmの丸カンをつけ、丸カンの中にもう片方のチェーンを通して輪にする。

P.8 Antique Blue

着色技法　加熱後着色　エナメルジュエリー風、アンティーク加工

花パーツ作り方 →P.34参照　　型紙 →P.94、前見返し
※(G)…ゴールド、(S)…シルバー

〈使用型紙〉
指輪
中花A…〈1枚
ネックレス
中花A…〈2枚
大花D…1セット（な1枚＋に1枚）
ブレスレット
大花D…1セット（な1枚＋に1枚）

〈花の材料〉
〔共通〕
プラバン
半透明プラバン 0.2mm厚
塗料
〈加熱後〉
タミヤエナメル塗料『X-14（スカイブルー）』＋『X-2（ホワイト）』
ゼブラ マッキーペイントマーカー極細（金）…アンティーク加工

花芯
ミルククラウン 17mm（ブルー）…各1個 ┐
メタルビーズ スカシ 6mm（G）…各1個 ┘ ×5

〈アクセサリー資材〉
〈指輪〉
リング台 座金付フリー（G）…1個
〈ネックレス〉
スカシパーツ① 角丸四角 41mm（G）…1個
スカシパーツ④ 楕円 34×25mm（G）…2個
ホビックス スペーサービーズ（S）…4個
ピュータービーズ 9.5×6mm（G）…5個
チェコペタル 8×6mm（ターコイズラスター）…5個
革ひも 丸 2mm（ブラック）…約50cm
ひも止め金具（G）…2個
9ピン 0.7×30mm（G）…5本
丸カン（G）0.8×5mm…23個／0.7×4mm…2個
カニカン 7×5mm（G）…1個
アジャスター（G）…1個
〈ブレスレット〉
スカシパーツ④ 楕円 34×25mm（G）…1個
ホビックス スペーサービーズ（S）…3個
ピュータービーズ 9.5×6mm（G）…1個
チェコペタル 8×6mm（ターコイズラスター）…1個
革ひも 丸 2mm（ブラック）…約30cm×2
9ピン 0.7×30mm（G）…1本
丸カン 0.8×5mm（G）…1個

型紙の組み合わせ

指輪　中花A　く×1

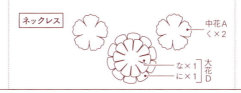
ネックレス　中花A　く×2　大花D　な×1　に×1

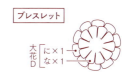
ブレスレット　大花D　に×1　な×1

花パーツの作り方 →P.34参照

【中花A／指輪用1枚、ネックレス用2枚】

〈成形〉
1. オーブントースターで加熱し、ツルツル面を上にして、計量スプーンや指先で中央部分をくぼませる（P.31参照）。

〈加熱後着色〉
2. タミヤエナメル塗料（スカイブルー）、（ホワイト）をアルミカップで混ぜて塗り、乾燥させる。
3. 不透明マーカー（金）をキッチンペーパーにつけてポンポンたたく。

〈花の組み立て〉
4. 中央に接着剤でミルククラウン→ビーズの順で花芯パーツを貼る。

【大花D／ブレスレット用・ネックレス用各1セット】

〈成形〉
1. 1枚目（型紙な）をオーブントースターで加熱し、ツルツル面を上にして、計量スプーンにのせて曲げる。
2. 2枚目（型紙に）を加熱し、ツルツル面を上にして、1枚目に重ねてカーブを沿わせるように曲げる。

〈加熱後着色〉
3. タミヤエナメル塗料（スカイブルー）、（ホワイト）をアルミカップで混ぜて塗り、乾燥させる。
4. 不透明マーカー（金）をキッチンペーパーにつけてポンポンたたく。

〈花の組み立て〉
5. 花パーツを接着剤でつける。
6. 中央に接着剤でミルククラウン→ビーズの順に花芯パーツをつける。

アクセサリーに仕立てる

〈ネックレス〉

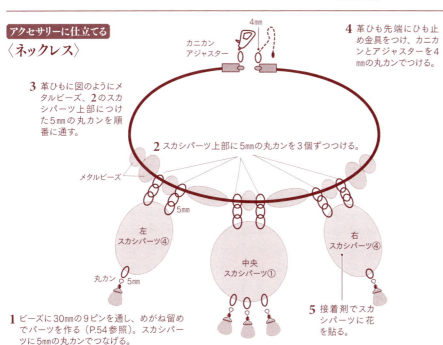

1. ビーズに30mmの9ピンを通し、めがね留めでパーツを作る（P.54参照）。スカシパーツに5mmの丸カンでつなげる。
2. スカシパーツ上部に5mmの丸カンを3個ずつつける。
3. 革ひもに図のようにメタルビーズ、2のスカシパーツ上部につけた5mmの丸カンを順番に通す。
4. 革ひも先端にひも止め金具をつけ、カニカンとアジャスターを4mmの丸カンでつける。
5. 接着剤でスカシパーツに花を貼る。

中央のスカシパーツ（スカシパーツ①）

左右のスカシパーツ（スカシパーツ④）

〈ブレスレット〉

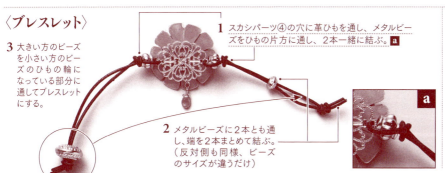

1. スカシパーツ④の穴に革ひもを通し、メタルビーズをひもの片方に通し、2本一緒に結ぶ。a
2. メタルビーズに2本とも通し、端を2本まとめて結ぶ。（反対側も同様、ビーズのサイズが違うだけ）
3. 大きい方のビーズを小さい方のビーズのひもの輪になっている部分に通してブレスレットにする。

〈指輪の作り方〉

花を指輪の金具に接着する。

P.9 Antique Gold Flower

着色技法 加熱後着色 金属風

花パーツ作り方 → P.35参照　　型紙 → P.95
※（G）…ゴールド、（MWH）…ミルキーホワイト

〈使用型紙〉

ピアス
小花E …す6枚

ネックレス
小花E …す36枚

〈花の材料〉
〔共通〕

プラバン
半透明プラバン 0.2mm厚

塗料
〈加熱後〉
ゼブラ マッキーペイントマーカー極細（金）

表面加工
〈加熱後〉
パジコ UV-LEDレジン星の雫　ハードタイプ

花芯
〈ピアス〉
座金9×1.8mm（G）…各1個 ┐
半円パール 3mm…各1個 ┘ ×6

〈ネックレス〉
座金9×1.8mm（G）…各1個 ┐
半円パール 3mm…各1個 ┘ ×18

〈アクセサリー資材〉
〈ピアス〉
チタンピアス 6mm 貼付（G）…2個
無穴パール 3mm…14個

〈ネックレス〉
ガラスパール 6mm（MWH）…21個
9ピン 0.7×20mm（G）…20本
Oピン 0.5×20mm（G）…1本
丸カン 0.8×5mm（G）…40個
カニカン 7×5mm（G）…1個
アジャスター（G）…1個

花パーツの作り方
【小花E】→ P.35参照
〈穴あけ〉
1　ネックレス下段花17枚に穴あけパンチで穴をあける。
2　ネックレス先端の花1枚は穴を4カ所あける。
〈成形〉
3　上段花は、オーブントースターで加熱し、ザラザラ面を上にして指の腹、指先で中央部分をくぼませる。
4　下段花は、オーブントースターで加熱し、スケッチブックにはさんで平らにする。

〈加熱後着色〉
5　ザラザラ面に不透明マーカー（金）でふちまで着色する。下になる平らな花の中央は接着剤で貼りやすいように中央の塗料を綿棒でぬぐっておく。
〈花の組み立て〉
6　上下の花を接着剤で貼る。
〈表面加工〉
7　花芯パーツ（座金→半円パール）を置いて、UV-LEDレジンを塗り、UV-LEDライトで30秒以上照射して硬化させる。

アクセサリーに仕立てる

〈ネックレス、ピアス共通パーツの作り方〉

〈ピアス〉

〈ネックレス〉

〈ピアスの作り方〉

クリアホルダーの上にパーツを置いて、UV-LEDレジンを流し、UV-LEDライトで30秒以上照射して硬化させる。

ピアス金具を接着剤で貼る。

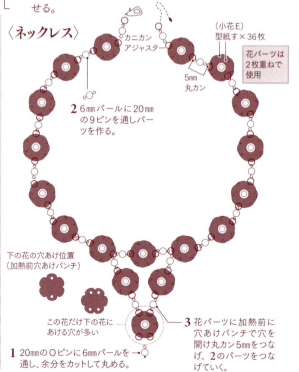

1　20mmのOピンに6mmパールを通し、余分をカットして丸める。
2　6mmパールに20mmの9ピンを通しパーツを作る。
3　花パーツに加熱前に穴あけパンチで穴を開け丸カン5mmをつなげ、2のパーツをつないでいく。

P.10 Art Nouveau Flower

着色技法 加熱後着色 エナメルジュエリー風、金ふち取り

花パーツ作り方 → P.35 参照　**型　紙** → P.93、94

※（G）…ゴールド

〈使用型紙〉

バックチャーム
大花A…1セット（き1枚 ＋ く1枚）
小花A…お2枚

ピアス
小花C…け1枚×2

ネックレス
大花A…1セット（き1枚 ＋ く1枚）
小花A …お2枚
小花C…け2枚

〈花の材料〉

【大花A、小花A、C共通】

プラバン
半透明プラバン 0.2mm厚

【大花A／ネックレス・バックチャーム用各1セット】

塗料
〈加熱後〉
ペベオエナメル塗料 ファンタジー プリズム（パールバイオライン）
ゼブラ マッキーペイントマーカー極細（金）…ふち取り

花芯
ミルククラウン 20mm（イエロー）…各1個 ┐
スワロフスキー #5000 5mm（ライトローズ）…各1個 ┘ ×2

【小花A／ネックレス・バックチャーム用各2枚】

塗料
〈加熱後〉
ペベオエナメル塗料 ファンタジー ムーン（アプリコット）

花芯
ミルククラウン 12mm（ブルー）…各1個 ┐
ツメ付ラインストーン 5mm（ホワイトオパール／G）…各1個 ┘ ×4

【小花C／ピアス・ネックレス用各2枚】

塗料
〈加熱後〉
タミヤエナメル塗料
『X-16（パープル）』＋『X-14（スカイブルー）』＋『X-2（ホワイト）』
ゼブラ マッキーペイントマーカー極細（金）…アンティーク加工、ふち取り

花芯
ミルククラウン 13mm（イエロー）…各1個 ┐
ツメ付ラインストーン 5mm（ホワイトオパール／G）…各1個 ┘ ×4

〈アクセサリー資材〉

バッグチャーム
スカシパーツ⑨ 6弁花15mm（G）…1個
バッグチャーム 12.5cm（G）…1個
コットンパール 8mm…4個
座金 9×1.8mm（G）…2個
Oピン 0.5×20mm（G）…4本
Tピン 0.7×20mm（G）…2本
丸カン 1×6mm（G）…4個

ピアス
スカシパーツ⑨ 6弁花15mm（G）…2個
チタンピアス 6mm 貼付（G）…2個
チェコペタル 12×15mm（イエロー）…2個
9ピン 0.7×45mm（G）…2本

ネックレス
スカシパーツ④ 楕円34×25mm（G）…1個
スカシパーツ⑨ 6弁花15mm（G）…4個
チェコペタル 12×15mm（イエロー）…4個
コットンパール 10mm…4個／8mm…6個
デザインチェーン（G）…14.5cm×2本
9ピン 0.7×20mm（G）…10本
Oピン 0.5×20mm（G）…4本
丸カン（G）1×6mm…14個／0.7×4mm…4個
カニカン 7×5mm（G）…1個
アジャスター（G）…1個

型紙の組み合わせ

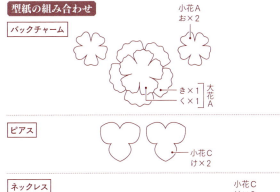

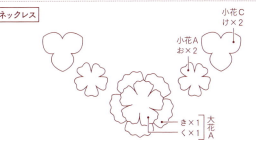

> 花パーツの作り方 →P.35参照

【大花A】
〈成形〉
1. 1枚目（型紙く）をオーブントースターで加熱し、ツルツル面を上にして、計量スプーンにのせて曲げる。
2. 2枚目（型紙き）の花を加熱し、ツルツル面を上にして、1枚目に重ねてカーブを沿わせるように曲げる。

〈加熱後着色〉
3. ペペオエナメル塗料（パールバイオライン）で塗る。
4. 不透明マーカー（金）でふち取りする。

〈花の組み立て〉
5. 花パーツと花芯パーツ（ミルククラウン→ビーズ）を接着剤で貼る。

【小花A、C】
〈成形〉
1. オーブントースターで加熱し、ツルツル面を上にして、指の腹、指先で中央部分をくぼませる。
2. 【小花A】はペペオエナメル塗料（アプリコット）で塗る。
【小花C】はタミヤエナメル塗料（パープル）、（スカイブルー）、（ホワイト）をアルミカップで混ぜて塗る。→乾燥後不透明マーカー（金）でアンティーク加工し、ふち取りする。

〈花の組み立て〉
● ネックレスとピアス
3. 中央に接着剤でミルククラウン→ラインストーンの順で花芯パーツを貼る。
● バッグチャーム
4. 下記の図のように行う。

> アクセサリーに仕立てる

〈バッグチャーム〉
20mmのOピンにパールを通してパーツを用意する。
大花はネックレスと同様。

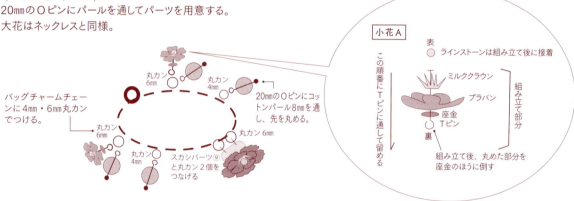

〈ピアス〉
1. チェコペタルに45mmの9ピンを通し、めがね留めでパーツを作る。

メガネ留め

長め（40mmや45mm）9ピン ／ ビーズの穴に通してこのように曲げる ／ 余分をカットして3回ほど巻きつけたら平ヤットコで端を押さえる

2. 図のように、1をスカシパーツに4mmの丸カンでつなげる。

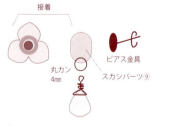

3. 接着剤で花とスカシパーツ、ピアス金具を貼る。

〈ネックレス〉

P.11 *Silver Frost Flower*

着色技法 加熱後着色 金属風

花パーツ作り方 →P.36参照　　型　紙 →P.93
※(S)…シルバー

〈使用型紙〉
フープイヤリング
小花A …お2枚
小花B …か4枚
ネックレス
小花A …お2枚
小花B …か6枚

〈花の材料〉
〔共通〕
プラバン
半透明プラバン 0.2mm厚
塗料
〈加熱後〉
ゼブラ マッキーペイントマーカー極細（銀）
花芯
〈小花A／ネックレス用2枚〉
ピュータースペーサー 6×2.5mm（S）…各1個 ─┐
座金（S）…各1個 ───────────────┴ ×2

〈小花B／ネックレス用6枚〉
ピュータースペーサー 6×2.5mm（S）…各1個×6
〈小花A／フープイヤリング用2枚〉
ピュータースペーサー 6×2.5mm（S）…各1個 ─┐
座金（S）…各1個 ───────────────┴ ×2
〈小花B／フープイヤリング用4枚〉
ピュータースペーサー 6×2.5mm（S）…各1個×4

〈アクセサリー資材〉
〈フープイヤリング〉
フープイヤリング 1.5×40mm（S）…2個
グラスビーズ 丸小（COL.PF21（S）／
　COL.714（ニッケルメッキ））…適量
クラフトワイヤー #30（S）…50cm×2本
〈ネックレス〉
スカシパーツ⑪ 月大（S）…4個
ロープチェーン（細）12-7-1（S）…約61cm
グラスビーズ 丸小（COL.PF21（S）／────┐
　COL.714（ニッケルメッキ））　　　　　├ フリル用
クラフトワイヤー #30（S）────────┘ 適量
グラスビーズ 丸小（COL.PF21（S）／
　COL.714（ニッケルメッキ））…飾り用各5個
ラインストーンボール 10mm（クリスタルAB）…1個
スワロフスキー #5328 4mm（クリスタル）…11個
9ピン 0.7×45mm（S）…1本
Tピン 0.5×22mm（S）…11本
丸カン（S）0.7×4mm…2個／0.6×3mm…18個

型紙の組み合わせ

フープイヤリング　　小花B か×4　小花A お×2

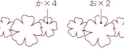

ネックレス　　小花A お×2　小花B か×6

花パーツの作り方 →P.36参照

【小花A、B】
〈成形〉
1　オーブントースターで加熱し、ザラザラ面を上にして指の腹、指先で中央部分をくぼませる。
〈加熱後着色〉
2　ザラザラ面に不透明マーカー（銀）でふちまで着色する。
3　乾燥後目打ちで放射状に筋を削る。
〈花の組み立て〉
4　ネックレスは中央に接着剤で座金・ピュータースペーサー（花芯）パーツをつける。イヤリングはワイヤーで右図のように一緒に絡みつける。

アクセサリーに仕立てる

〈フープイヤリング〉

1　フープイヤリングにワイヤーを5〜10回巻き付け、平ヤットコでワイヤーの先をつぶす。丸小ビーズを通しながら、巻きつける。

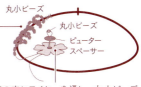
丸小ビーズ　ピュータースペーサー

2　花の穴にワイヤーを通し、丸小ビーズを通し、元の穴にワイヤーを戻す。花パーツを1つつけたら左側に寄せる。

4　ワイヤーに丸小ビーズを通して巻き付け、右側も同様に作業する。

3　丸小ビーズを再び巻き付け、中央の花を2と同様につけ、ワイヤーを巻いて固定する。

表　裏

〈ネックレス〉

スカシパーツ⑪のビーズの編み込み方

●テグスの巻き始め、巻き終わり

3 2回巻いてひとつの前の巻いたところに折り返す（左右反転）
1 ワイヤーにシードビーズを入れながら編み込んでいく
2 2回巻いて次へ
折り返し
スカシパーツ⑪

先端パーツはこのように組み立てる。

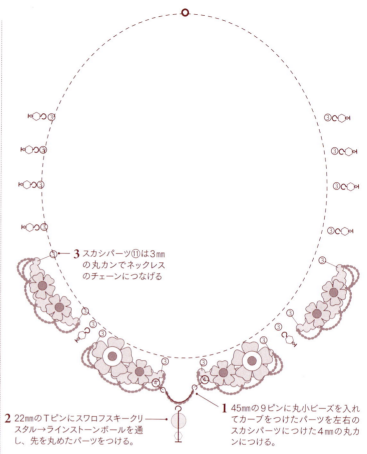

3 スカシパーツ⑪は3㎜の丸カンでネックレスのチェーンにつなげる

2 22㎜のTピンにスワロフスキークリスタル→ラインストーンボールを通し、先を丸めたパーツをつける。

1 45㎜の9ピンに丸小ビーズを入れてカーブをつけたパーツを左右のスカシパーツにつけた4㎜の丸カンにつける。

P.12 Steam Punk Jewelry

着色技法 加熱後着色 アンティーク加工

花パーツ作り方 → P.36参照　型　紙 → 前見返し

※（G）…ゴールド、（AG）…アンティークゴールド

〈使用型紙〉

バレッタ
中花D…は1枚
中花E…ひ1枚

ピアス
中花E…ひ2枚

ネックレス
中花D…は1枚
中花E…ひ2枚

〈花の材料〉

〔共通〕

プラバン
黒プラバン 0.2㎜厚

塗料
ゼブラ マッキーペイントマーカー極細（金）

花芯

〈中花D／バレッタ用1枚〉
メタル花 14㎜（G）…1個
メタルビーズ スカシ 4㎜（G）…1個

〈中花E／バレッタ用1枚〉
座金 10㎜（AG）…1個
メタルビーズ スカシ 4㎜（G）…1個

〈中花E／ピアス用2枚〉
座金 10㎜（AG）…各1個
メタルビーズ スカシ 4㎜（G）…各1個 ×2

〈中花D／ネックレス用1枚〉
メタル花 14㎜（G）…1個
メタルビーズ スカシ 4㎜（G）…1個

〈中花E／ネックレス用1枚〉
座金 14㎜（G）…1個
メタルビーズ スカシ 4㎜（G）…1個

〈中花E／ネックレス用1枚〉
座金 10㎜（AG）…1個
メタルビーズ スカシ 4㎜（G）…1個

〈アクセサリー資材〉

〈バレッタ〉
バレッタ 8㎝（AG）…1個
歯車パーツ 各種（AG）…2個
アルタ スチームパンク 歯車 011…2個

〈ピアス〉
スカシパーツ⑨ 6弁花 15㎜（G）…2個
チタンピアス 6㎜ 貼付（G）…2個
歯車パーツ（AG）…2個
丸カン 1×6㎜（G）…2個

〈ネックレス〉
スカシパーツ④ 楕円34×25mm（G）…2個
歯車パーツ 各種（AG）…3個
アルタ スチームパンク 歯車 011…3個
べっ甲調ビーズ 菱形7×14mm…1個
革ひも 丸 2mm（レッドブラウン）…約22cm×2
ひも止め金具（G）…2個
Tピン 0.7×30mm（G）…1本
丸カン 0.7×4mm（G）…2個
カニカン 7×5mm（G）…1個
アジャスター（G）…1個

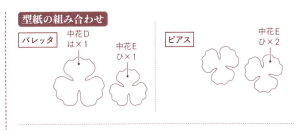

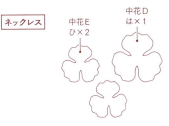

花パーツの作り方
【中花D、E】→P.36参照
〈成形する〉
1 オーブントースターで加熱し、熱いうちに凸凹のものに押しあてる。
〈加熱後着色〉
2 不透明マーカー（金）をキッチンペーパーにつけて、ぽんぽんと塗り、アンティーク加工する。
3 不透明マーカー（金）でふち取りする。
〈花の組み立て〉
4 中央に花芯パーツを座金・メタル花→ビーズの順で接着剤で貼る。

アクセサリーに仕立てる
〈バレッタ〉
1 バレッタ金具に接着剤で花パーツを貼る。

〈ピアス〉
1 ピアス金具にスカシパーツを接着剤で貼る。
2 スカシパーツに6mmの丸カンで歯車パーツをつける。
3 スカシパーツに接着剤で花を貼る。

〈ネックレス〉

1 歯車パーツ各種とスカシパーツ 革ひもと歯車パーツはワイヤーを巻いてそれぞれつなげる。
2 30mmのTピンにビーズを通したパーツを歯車の下につなげる。
3 革ヒモの両端にひも止め金具をつけ、その先に丸カンでアジャスター、カニカンをつける。

●ワイヤーでパーツをつなげる

バレッタ、ピアス

ネックレス
花はスカシパーツ、歯車に接着剤で貼る。

57

P.13 Classic Pink

着色技法	加熱前着色 エナメルジュエリー風
	加熱後着色 エナメルジュエリー風、金ふち取り

花パーツ作り方 →P.36参照　　型　紙 →P.95、前見返し、後ろ見返し
※（G）…ゴールド、（MWH）…ミルキーホワイト

〈使用型紙〉

ピアス
小花J…と2枚

ブレスレット
中花C…の1枚

ネックレス
中花C…の2枚
大花H…ふ2枚（重ねて使用）
小花J…と2枚

〈花の材料〉

エナメルジュエリー風（加熱後着色）
プラバン
半透明プラバン 0.2mm厚

【中花C／ネックレス用2枚、ブレスレット用1枚】
塗料
〈加熱後〉
ペベオエナメル塗料 ファンタジー プリズム（イングリッシュレッド）
ゼブラ マッキーペイントマーカー極細（金）…ふち取り
花芯
〈ブレスレット〉
花芯スカシパーツ（G）…1個
ガラスパール 6mm（MWH）…1個
〈ネックレス〉
花芯スカシパーツ（G）…各1個 ─┐
ガラスパール 6mm（MWH）…各1個 ─┘×2

【大花H／ネックレス用1セット】
塗料
〈加熱後〉
タミヤエナメル塗料…『X-17（ピンク）』＋『X-7（レッド）』
ゼブラ マッキーペイントマーカー極細（金）…放射状に
花芯
ミルククラウン 20mm（ピンク）…1個
ガラスパール 6mm（MWH）…1個

エナメルジュエリー風（加熱前着色）
プラバン
白プラバン 0.2mm厚

【小花J／ネックレス用・ピアス用各2枚】 ※淡ピンクの花
塗料
〈加熱前〉
三菱鉛筆 色鉛筆 NO.880（あかむらさき）…ライン
ゼブラ ハイマッキー（ライトブラウン）、（ピンク）
〈加熱後〉
ゼブラ マッキーペイントマーカー極細（金）…ふち取り
表面加工
〈加熱後〉
パジコ UV-LEDレジン星の雫 ハードタイプ
花芯
〈ピアス〉
座金 8.5mm（G）…各1個 ─┐
ユリアパール 3mm（キスカ）…各1個 ─┘×2
〈ネックレス〉
座金 8.5mm（G）…各1個 ─┐
ユリアパール 3mm（キスカ）…各1個 ─┘×2

〈アクセサリー資材〉

〈ピアス〉
スカシパーツ⑦ カン付 40×18mm（G）…2個
ピアス金具 丸玉・カン付（G）…2個
丸カン 0.7×4mm（G）…4個

〈ブレスレット〉
スカシパーツ③ 座金 50×29mm（G）…1個
アクリルビーズ 縦スジ 10×14mm（G）…2個
ユリアパール 3mm（キスカ）…4個
ガラスパール 6mm（MWH）…1個
デザインチェーン（G）…8.5+5.5cm
Tピン 0.7×20mm（G）…1本
9ピン 0.7×45mm（G）…2本
丸カン 0.7×4mm（G）…5個
カニカン 7×5mm（G）…1個

〈ネックレス〉
スカシパーツ① 角丸四角 41mm（G）…1個
スカシパーツ③ 座金 50×29mm（G）…2個
スカシパーツ④ 楕円 34×25mm（G）…2個
ユリアパール 3mm（キスカ）…12個
アクリルビーズ 縦スジ 10×14mm（G）…6個
片面ベルベットリボン 9mm（ブラウン）…約52cm×2本
ひも止め金具（ワニグチ）10mm（G）…2個
9ピン 0.7×45mm（G）…6本
丸カン（G）1×6mm…6個／0.7×4mm…6個

型紙の組み合わせ

ピアス

小花J と×2

ブレスレット

中花C の×1

ネックレス
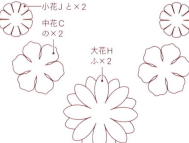
小花J と×2
中花C の×2
大花H ふ×2

| 花パーツの作り方 | →P.36 参照

エナメルジュエリー風（加熱後着色）
【中花C、大花H】
〈成形〉
1 オーブントースターで加熱し、ツルツル面を上にして、指の腹、指先で中央部分をくぼませる。

〈加熱後着色〉
●中花C
2 ペベオエナメル塗料（イングリッシュレッド）を塗る。
3 不透明マーカー（金）でふち取りする。

●大花H
4 タミヤエナメル塗料（ピンク）をアルミカップに入れ、1段目の花に塗る。
5 タミヤエナメル塗料（レッド）を少し足してエナメル塗料をアルミカップで混ぜ、2段目の花に塗る。
6 完全に乾燥させた後、不透明マーカー（金）をキッチンペーパーで放射状に塗る。

〈花の組み立て〉
●大花H
1 複数枚ある花は、上下の花を接着剤で組み立てる。
●共通
2 中央に花芯パーツを座金・ミルククラウン等→パールの順に接着剤で貼る。

エナメルジュエリー風（加熱前着色）
【小花J】
〈加熱前着色〉
1 色鉛筆（あかむらさき）で花びらの筋を描く。
2 油性マーカー（ライトブラウン）、（ピンク）をキッチンペーパーにつけ、エタノールでぼかしながら着色する。

〈成形する〉
3 オーブントースターで加熱し、ツルツル面を上にして、指の腹、指先で中央部分をくぼませる。

〈加熱後着色〉
4 不透明マーカー（金）でふち取りする。

〈表面加工〉
5 UV-LEDレジンをたらし、UV-LEDライトで30秒以上照射して硬化させる。

〈ネックレス説明〉

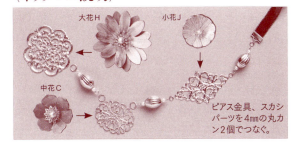

アクセサリーに仕立てる

〈ピアス〉
1 接着剤で花と花芯、スカシパーツを貼る。
2 接着剤で花を貼る。

〈ブレスレット〉

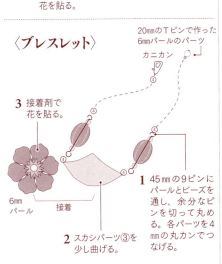

〈ネックレス〉

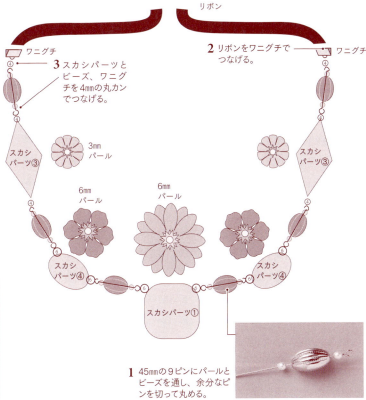

P.14 *Orchid*

着色技法	加熱前着色	エナメルジュエリー風
	加熱後着色	金ふち取り

花パーツ作り方 →P.37参照　型　紙 →本体表紙
※（G）…ゴールド、（MWH）…ミルキーホワイト

〈使用型紙〉

ピアス
蘭（小）…や ab 2セット

かんざし
蘭（大）…も ab 1セット
蘭（小）…や ab 2セット

ネックレス
蘭（大）…も ab 1セット

〈花の材料〉
〔共通〕

プラバン
白プラバン 0.2mm厚

表面加工
〈加熱後〉
パジコ UV-LEDレジン星の雫 ハードタイプ

【蘭（大）（小）／かんざし（大）1セット、（小）2セット】

塗料
〈加熱前〉
ゼブラ ハイマッキー（赤）、（紫）
〈加熱後〉
ツキネコ ブリリアンス デュードロップ（パールオーキッド）
ゼブラ マッキーペイントマーカー極細（金）…ふち取り

共通の花芯
ガラスパール 6mm（MWH）…各1個 ┐
ガラスパール 4mm（MWH）…各1個 ├×3
デザインピン 0.4×40mm（G）…各1本 ┘
（＋大のみ）
Oピン 0.5×20mm（G）…3本
丸カン 0.7×4mm（G）…1個

【蘭（大）／ネックレス1セット】

塗料
〈加熱前〉
ゼブラ ハイマッキー（ライトグリーン）、（ライトブルー）、（紫）、（青）
〈加熱後〉
ツキネコ ブリリアンス デュードロップ（パールラベンダー）
ゼブラ マッキーペイントマーカー極細（金）…ふち取り

花芯
ガラスパール 6mm（MWH）…1個
Tピン 0.7×20mm（G）…1本
Oピン 0.5×20mm（G）…3本

【蘭（小）／ピアス2セット】

塗料
〈加熱前〉
ゼブラ ハイマッキー（紫）、（ライトブルー）、（ライトグリーン）、（黄）
ゼブラ ハイマッキー（ピンク）…ふち
〈加熱後〉
ツキネコ ブリリアンス デュードロップ（パールオーキッド）

花芯
ツメ付ラインストーン 5mm（ホワイトオパール／G）…各1個×2

〈アクセサリー資材〉

〈ピアス〉
スカシパーツ⑨ 6弁花15mm（G）…2個
チタンピアス 6mm 貼付（G）…2個
スワロフスキー #6010 11×5.5mm（ライトローズ）…2個
チェコビーズ ダガー 3×10mm（ライトアメジスト）…2個
カットアズキチェーン（G）…3.5cm×2
丸カン 0.7×4mm（G）…6個

〈かんざし〉
かんざし 1カン付（G）…1本
ガラスパール 6mm（MWH）…1個
コットンパール 16mm…1個／12mm…2個
スワロフスキー #6010 11×5.5mm（シャム）…2個
カットアズキチェーン（G）…10cm
Tピン（G）0.7×30mm…1本／0.7×20mm…3本
丸カン（G）1×6mm…2個／0.7×4mm…4個

〈ネックレス〉
スカシパーツ④ 楕円34×25mm（G）…1個
スワロフスキー #6010 11×5.5mm（タンザナイト）…2個
カットアズキチェーン（G）…約35cm×2／約11cm×1
丸カン 0.7×4mm（G）…7個
カニカン 7×5mm（G）…1個
アジャスター（G）…1個

型紙の組み合わせ

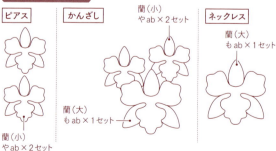

ピアス：蘭（小）や ab×2セット
かんざし：蘭（小）や ab×2セット／蘭（大）も ab×1セット
ネックレス：蘭（大）も ab×1セット

花パーツの作り方 →P.37参照

【蘭（大、小）】

〈加熱前着色〉
1. 指定の油性マーカーをキッチンペーパーにつけ、エタノールでぼかしながら着色する。
2. インクが乾く前に、次の色をキッチンペーパーでこすって着色する。
3. ピアスのみ、油性マーカー（ピンク）をキッチンペーパーにつけ、ぼかしながらふちに着色する。

〈成形〉
4. 上パーツをオーブントースターで加熱し、下部はギュっと狭める。上部は外へ反らせる。
5. 下パーツもオーブントースターで加熱し、上パーツに重ねながら外側へゆるやかに反らせる。

〈加熱後着色〉
6. ブリリアンス（パールオーキッド）または（パールラベンダー）をふちにポンポンと塗り、乾燥させる。
7. かんざし・ネックレスのみ、不透明マーカー（金）でふち取りする。

〈表面加工〉
8. UV-LEDレジンを塗り、UV-LEDライトで30秒以上照射して硬化させる。

〈花の組み立て〉
9. 各説明参照。

花パーツの組み立て

〈ネックレス〉

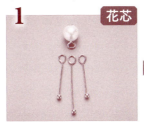

花芯

20mmのTピンに6mmのパールを通し、先を丸める。丸めた輪に20mmのOピン3本をつなげたパーツを作る。

レジンで花に接着する（P.31参照）。

花同士は接着剤で貼る。

1. 花芯パーツを作る。
2. レジンで花芯パーツをつけ接着剤で花パーツを貼る。

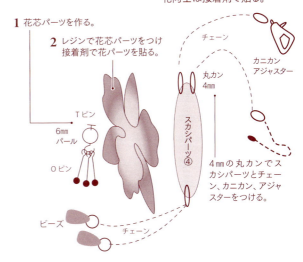

アクセサリーに仕立てる

〈ピアス〉

花芯はレジンで接着し（P.31参照）、花は接着剤で貼る。

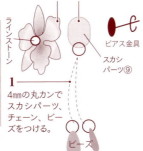

2. 花を接着剤でスカシパーツに貼り、ピアス金具を貼る。
1. 4mmの丸カンでスカシパーツ、チェーン、ビーズをつける。

〈かんざし〉

● かんざしの花パーツ

かんざしの花はすべて真ん中にピンバイスで穴を開ける。40mmのデザインピン→パール→花→パールを通し、先を丸める。

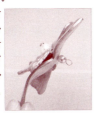

図のように各パーツ（Tピンで作ったパールの各パーツ、チェーンとビーズを4mmの丸カンでつなげたパーツ、花のパーツ）を図のとおりに4mm・6mmの丸カンにつなげ、かんざし金具のカンに通す。

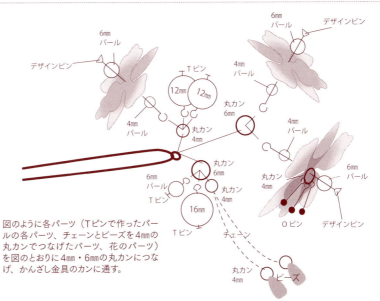

P.15 *Tortoiseshell Jewelry*

着色技法	加熱前着色	べっこう風、すりガラス風
	加熱後着色	アンティーク加工、金ふち取り

花パーツ作り方 → P.37参照　　型　紙 → P.93、見返し

※（G）…ゴールド、（MWH）…ミルキーホワイト、（AG）…アンティークゴールド

〈使用型紙〉

かんざし
大花E…1セット（ね2枚＋の1枚＋ひ1枚）

ピアス
小花A…お2枚

ネックレス
中花C…の3枚
中花E…ひ2セット（4枚）

〈花の材料〉

〔共通〕

プラバン
半透明プラバン 0.2mm厚

すりガラス風
【小花A／ピアス用2枚】【中花E／ネックレス用2枚】

塗料
〈加熱前〉
ゼブラ ハイマッキー（黒）、（茶）、（ライトブラウン）
〈加熱後〉
ゼブラ マッキーペイントマーカー極細（金）

花芯
〈小花A〉
ミルククラウン 13mm（ホワイト）…各1個 ──┐
ガラスパール 4mm（MWH）…各1個 ──────┴ ×2

〈中花E〉
ミルククラウン 13mm（ホワイト）…各1個 ──┐
ガラスパール 4mm（MWH）…各1個 ──────┴ ×2

べっこう風
【大花E／かんざし用1セット】【中花C／ネックレス用3枚】

塗料
〈加熱前〉
ゼブラ ハイマッキー（黒）、（茶）、（ライトブラウン）

表面加工
〈加熱後〉
パジコ UV-LEDレジン星の雫 ハードタイプ

花芯
〈大花E〉
ミルククラウン 20mm（ホワイト）…1個
ガラスパール 6mm（MWH）…1個

〈中花C〉
ミルククラウン 20mm（ホワイト）…各1個 ──┐
ガラスパール 6mm（MWH）…各1個 ──────┴ ×3

〈アクセサリー資材〉

〈かんざし〉
スカシ付きかんざし…1本

〈ピアス〉
チタンピアス 6mm 貼付（G）…2個

〈ネックレス〉
スカシパーツ⑩アルタ スチームパンク 透かしパーツ 021…5個
リング 1.7×16mm（AG）…8個
丸カン（AG）1.4×10mm…20個／
1×6mm…50個／0.8×5mm…12個
カニカン（AG）…1個
アジャスター（AG）…1個

型紙の組み合わせ

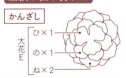
かんざし
ひ×1
の×1
ね×2
大花E

ピアス
小花A
お×2

ネックレス
中花C の×3
中花E
ひ×2セット

花パーツの作り方 → P.37参照

すりガラス風【小花A、中花E】
べっこう風【大花E、中花C】

〈加熱前着色〉※塗る色の順番はどれからでもOK

1　油性マーカー（黒）をキッチンペーパーにつけ、エタノールでぼかしながらザラザラ面に着色する。
2　油性マーカー（茶）をキッチンペーパーにつけ、1同様に着色する。
3　油性マーカー（ライトブラウン）をキッチンペーパーにつけ、1同様に着色する。

〈成形〉
4　一重の花（小花A、中花C）と、八重の花（中花E、大花E）の1枚目は、オーブントースターで加熱し、ザラザラ面を上にして、指の腹、指先で中央部分をくぼませる。
5　八重の花の2枚目以降は、加熱し、ザラザラ面を上にして1つ前の花に重ねてカーブを沿わせるように曲げる。

〈加熱後着色〉
6　すりガラス小花A、中花Eは不透明マーカー（金）をキッチンペーパーにつけ、ザラザラ面をこすってアンティーク風に塗った後、線を描き、ふち取りをする。

〈表面加工〉
7　べっこう大花Eは花を重ね、UV-LEDレジンを塗り、UV-LEDライトに入れて30秒以上照射して硬化させる。中花C（一重）も同様。

〈花の組み立て〉
8　一重の花は中央に接着剤でミルククラウン→パールの順で花芯パーツを貼る。
9　八重の花は花同士を貼り、中央に接着剤でミルククラウン→パールの順で花芯パーツを貼る。

アクセサリーに仕立てる

〈かんざし〉

かんざしのスカシ部分に接着剤で花パーツを貼る。

〈ピアス〉

花、ピアス金具を接着剤で貼る。

〈ネックレス〉

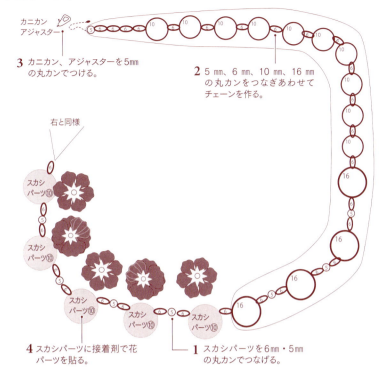

1 スカシパーツを6mm・5mmの丸カンでつなげる。
2 5mm、6mm、10mm、16mmの丸カンをつなぎあわせてチェーンを作る。
3 カニカン、アジャスターを5mmの丸カンでつける。
4 スカシパーツに接着剤で花パーツを貼る。

P.16 *Flower Garden*

着色技法	加熱前着色 エナメルジュエリー風
	加熱後着色 エナメルジュエリー風、金ふち取り

花パーツ作り方 →P.38参照

型 紙 →P.93、94、95、前見返し、後ろ見返し

※(G)…ゴールド、(MWH)…ミルキーホワイト

〈使用型紙〉

バレッタ
小花A…お3枚

ピアス
小花A…お4枚
小花B…か2枚

ネックレス
ビオラ…さab 1セット
小花A…お5枚
小花B…か7枚
大花C…(に1枚(点線)+と1枚(点線))
葉F…ぬ2枚
大花J…め1枚
小花J…と(実線) 2枚

〈花の材料〉

エナメルジュエリー風(加熱前着色)

〔共通〕

プラバン
白プラバン 0.2mm厚

表面加工
〈加熱後〉
パジコUV-LEDレジン星の雫ハードタイプ

【大花C1セット／ネックレス】 ※左 黄色の大輪の花

塗料
〈加熱前〉
三菱鉛筆 色鉛筆 NO.880(だいだいいろ)、(あか)
ゼブラ ハイマッキー(黄)
〈加熱後〉
ゼブラ マッキーペイントマーカー極細(金)…ふち取り

花芯
ミルククラウン 17mm(グリーン)…1個
パール 6mm…1個

【大花J1枚／ネックレス】 ※中央大輪の花

塗料
〈加熱前〉
三菱鉛筆 色鉛筆 NO.880(ももいろ)、(しゅいろ)、(あか)
ゼブラ ハイマッキー(ピンク)
〈加熱後〉
ゼブラ マッキーペイントマーカー極細(金)…ふち取り

花芯
ミルククラウン 20mm(イエロー)…1個
スワロフスキー #5000 5mm(アメジストAB)…1個
Tピン 0.7×30mm(G)…1本

【葉F 2枚／ネックレス】 ※中央大花Jの葉

塗料

〈加熱前〉
三菱鉛筆 色鉛筆 NO.880（みどり）
ゼブラハイマッキー（ライトグリーン）

〈加熱後〉
ゼブラ マッキーペイントマーカー極細（金）…ふち取り

【ビオラ1セット／ネックレス】 ※右

塗料

〈加熱前〉
三菱鉛筆 色鉛筆 NO.880（むらさき）
ゼブラ ハイマッキー（オレンジ）、（紫）

〈加熱後〉
ゼブラ マッキーペイントマーカー極細（金）…ふち取り

花芯

ツメ付ラインストーン 5mm（ブラックダイヤ／G）…1個

エナメルジュエリー風（加熱後着色）

プラバン

半透明プラバン 0.2mm厚

● 淡オレンジ
【小花A 1枚・小花B 2枚／ネックレス】
【小花A 2枚／ピアス】

〈加熱後〉
ペベオエナメル塗料 ファンタジームーン（アプリコット）
ゼブラマッキーペイントマーカー極細（金）…ふち取り

● 赤＋黄ライン
【小花A 2枚・小花B 4枚／ネックレス】
【小花A 2枚／ピアス】
【小花A 1枚／バレッタ】

〈加熱後〉
タミヤエナメル塗料　X-7（レッド）
　　　　　　　　　　X-8（レモンイエロー）…ライン
ゼブラマッキーペイントマーカー極細（金）…ふち取り

● オレンジ＋赤ライン
【小花A 2枚・小花B 1枚／ネックレス】
【小花B 1枚／ピアス】
【小花A 2枚／バレッタ】

〈加熱後〉
タミヤエナメル塗料　X-6（オレンジ）
　　　　　　　　　　X-7（レッド）…ライン
ゼブラマッキーペイントマーカー極細（金）…ふち取り

↓

共通の花芯

● ネックレス、バレッタ
【小花A 共通】
ミルククラウン 12mm（グリーン）…各1個 ┐
ガラスパール 4mm（MWH）…各1個 ┘ ×5

【小花B 共通】
メタルビーズ 5×1mm（G）…各1個 ×7

● ピアス

花芯

ミルククラウン 12mm（グリーン）…各1個 ┐
ガラスパール 4mm（MWH）…各1個 │
座金 10mm（G）…各1個 ├ 小花A用×4
Oピン 0.5×20mm（G）…各1本 ┘
ミルククラウン 8mm（G）…各1個 ┐
ガラスパール 3mm（MWH）…各1個 │
座金 9×1.8mm（G）…各1個 ├ 小花B用×2
Oピン 0.5×20mm（G）…各1本 ┘

【小花J2枚（緑）／ネックレス】

塗料

〈加熱後〉
タミヤエナメル塗料
　X-15（ライトグリーン）…（左）緑の花1枚
　X-25（クリヤーグリーン）…（右）緑の花1枚
ゼブラマッキーペイントマーカー極細（金）…ふち取り

花芯

メタル花 14mm（G）…各1個 ┐
ガラスパール 4mm（MWH）…各1個 ┘ ×2

〈アクセサリー資材〉

〈バレッタ〉
バレッタ 60mm（G）…1個

〈ピアス〉
ピアス金具 丸玉・カン付（G）…2個
アクリルビーズ メロン 14mm（イエロー）…2個
コットンパール 8mm（リッチカラー）…2個
ガラスパール 4mm（MWH）…6個
Tピン 0.7×45mm（G）…2本

〈ネックレス〉
スカシパーツ① 角丸四角 41mm（G）…1個
スカシパーツ③ 座金 50×29mm（G）…3個
スカシパーツ④ 楕円 34×25mm（G）…4個
コットンパール（リッチカラー）10mm…10個／8mm…6個
ガラスパール 4mm（MWH）…18個
ガラスビーズ ティアドロップ（グリーン）…1個
強力テグス 3号（クリア）…適量
丸カン（G）0.8×5mm…6個／0.7×4mm…10個
カニカン 7×5mm（G）…1個
アジャスター（G）…1個
カシメ玉（G）…4個
ボールチップ（G）…4個

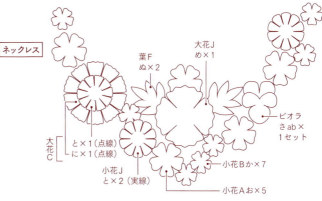

花パーツの作り方　→P.38参照

エナメルジュエリー風（加熱前着色） 白プラバン

【大花J 1枚／ネックレス】
〈加熱前着色〉
1　色鉛筆（ももいろ）、（しゅいろ）、（あか）で花の筋を描く。
2　油性マーカー（ピンク）をキッチンペーパーにつけ、エタノールでぼかしながら着色する。
〈成形〉
3　オーブントースターで加熱し、指の腹、指先で中央部分をくぼませる。
〈加熱後着色〉
4　不透明マーカー（金）でふち取りする。
〈表面加工〉
5　UV-LEDレジンを塗り、UV-LEDライトに入れて30秒以上照射し、硬化させる。
〈花の組み立て〉
6　ミルククラウン→スワロフスキーをTピンで組み立てる（次ページ図参照）。

【大花C 1セット／ネックレス】
〈加熱前着色〉
1　色鉛筆（だいだいいろ）、（あか）で花の筋を描く。
2　油性マーカー（黄）をキッチンペーパーにつけ、エタノールでぼかしながら着色する。
〈成形〉
3　1枚目（型紙と）をオーブントースターで加熱し、2枚目（型紙に）はオーブントースターで加熱後1枚目の花に重ねて沿わせるように曲げる。
〈加熱後着色〉
4　不透明マーカー（金）でふち取りする。
〈表面加工〉
5　UV-LEDレジンを塗り、UV-LEDライトに入れて30秒以上照射し、硬化させる。
〈花の組み立て〉
6　花を接着剤で貼り、ミルククラウン→パールを接着剤で貼る。

【葉F 2枚／ネックレス】
〈加熱前着色〉
1　色鉛筆（みどり）で葉の筋を描く。
2　油性マーカー（ライトグリーン）をキッチンペーパーにつけ、エタノールでぼかしながら着色する。

〈成形〉
3　オーブントースターで加熱し、葉の根元を指で押さえる。
〈加熱後着色〉
4　不透明マーカー（金）でふち取りする。
〈表面加工〉
5　UV-LEDレジンを塗り、UV-LEDライトに入れて30秒以上照射し、硬化させる。

【ビオラ1セット／ネックレス】
〈加熱前着色〉
1　色鉛筆（むらさき）で花の筋を描く。
2　油性マーカー（オレンジ）をキッチンペーパーにつけ、エタノールでぼかしながら着色し、次に（紫）をキッチンペーパーにつけ、エタノールでぼかしながら混色する。
〈成形〉
3　オーブントースターで加熱し、上の花弁は指の腹、指先で内側にゆるやかに曲げる。下の花弁は上花弁に重ねてカーブが合うように成形し、上部を少し反らせる。
〈加熱後着色〉
4　不透明マーカー（金）でふち取りする。
〈表面加工〉
5　UV-LEDレジンを塗り、UV-LEDライトに入れて30秒以上照射し、硬化させる。
〈花の組み立て〉
6　ラインストーンを接着剤で貼る。

エナメルジュエリー風（加熱後着色） 半透明プラバン

【小花A、小花B、小花J】 ※作品別使用枚数はP.64参照
〈成形〉
1　オーブントースターで加熱し、ツルツル面を上にし、指の腹、指先で中央部分をくぼませる。
〈加熱後着色〉
2　指定のタミヤエナメル塗料をアルミカップに入れてツルツル面に塗る。
3　指定があるものは、2色目のタミヤエナメル塗料をアルミカップに入れ、ラインを描く。
4　指定があるものはペベオエナメル塗料を塗る。
5　不透明マーカー（金）でふち取りする。
〈花の組み立て〉
6　P.66の図を参照。

アクセサリーに仕立てる

〈バレッタ〉

土台に接着剤で花をつける。

〈ピアス〉

1 花パーツに20mmのOピンに通して丸める。

2 45mmのTピンにビーズ→花パーツ→ビーズの順に通す。

3 余分なピンを切って丸め、ピアス金具とつなげる。

〈ネックレス〉

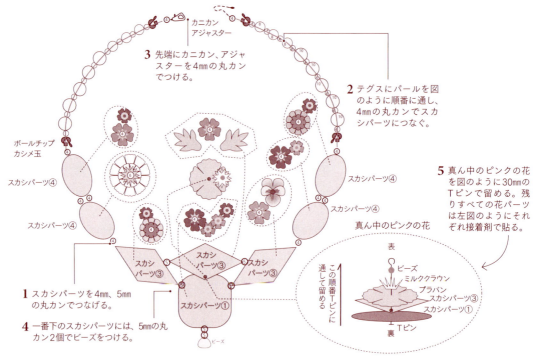

1 スカシパーツを4mm、5mmの丸カンでつなげる。

2 テグスにパールを図のように順番に通し、4mmの丸カンでスカシパーツにつなぐ。

3 先端にカニカン、アジャスターを4mmの丸カンでつける。

4 一番下のスカシパーツには、5mmの丸カン2個でビーズをつける。

5 真ん中のピンクの花を図のように30mmのTピンで留める。残りすべての花パーツは左図のようにそれぞれ接着剤で貼る。

〈スカシパーツの組み立て方〉

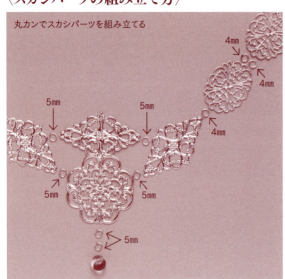

丸カンでスカシパーツを組み立てる

〈花パーツの配置〉

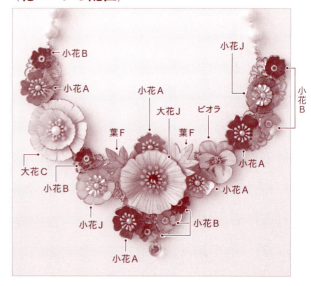

P.17 Yellow Flower Garland

着色技法 加熱前着色 エナメルジュエリー風

花パーツ作り方 →P.39参照　　型紙 →P.93、95

※（G）…ゴールド、（MWH）…ミルキーホワイト

〈使用型紙〉

ピアス
小花A…お1枚×2
小花D…し1枚×2

ネックレス
小花A…お3枚
小花D…し4枚

〈花の材料〉

【小花A、D共通】

プラバン
白プラバン 0.2mm厚

塗料
〈加熱前〉
ゼブラ ハイマッキー（オレンジ）、（黄）

表面加工
〈加熱後〉
パジコ UV-LEDレジン星の雫 ハードタイプ

花芯
〈小花A／ネックレス用3枚〉
ミルククラウン 12mm（イエロー）…各1個
ガラスパール 4mm（MWH）…各1個
　　　　×3

〈小花D／ネックレス用4枚〉
座金 11mm（G）…各1個
半円パール 6mm…各1個
　　　　×4

〈小花A／ピアス用2枚〉
ミルククラウン 12mm（イエロー）…各1個
ガラスパール 4mm（MWH）…各1個
座金 9×1.8mm（G）…各1個
グラスビーズ 丸小（COL.557（薄金））…各1個
Oピン 0.5×20mm（G）…各1本
　　　　×2

〈小花D／ピアス用2枚〉
座金 11mm（G）…各1個
ガラスパール 6mm（MWH）…各1個
座金 9×1.8mm（G）…各1個
グラスビーズ 丸小（COL.557（薄金））…各1個
Oピン 0.5×20mm（G）…各1本
　　　　×2

〈アクセサリー資材〉

〈ピアス〉
フックピアス チェーン付（G）…2個
チェコビーズ ファイアポリッシュ 4mm（クリスタルキャル）…4個
チェコビーズ 筋入り丸 8mm（クリスタルゴールドライン）…2個
アクリルビーズ 8mm（イエロー）…2個
Tピン 0.7×20mm（G）…4本
丸カン 0.7×4mm（G）…2個

〈ネックレス〉
スカシパーツ⑨ 6弁花15mm（G）…7個
チェコビーズ ファイアポリッシュ 4mm（クリスタルキャル）…3個
チェコビーズ 筋入り丸 8mm（クリスタルゴールドライン）…1個
アクリルビーズ メロン 14mm（イエロー）…4個
アクリルビーズ 8mm（イエロー）…16個
ガラスパール 4mm（MWH）…36個
グラスビーズ 丸小（COL.557（薄金））…72個
Tピン 0.7×20mm（G）…3本
9ピン 0.7×45mm（G）…18本
丸カン 0.7×4mm（G）…29個
カニカン 7×5mm（G）…1個
アジャスター（G）…1個

型紙の組み合わせ

ピアス
小花D し×2
小花A お×2

ネックレス
小花A お×3
小花D し×4

花パーツの作り方 →P.39参照

〈加熱前着色〉
1　油性マーカー（オレンジ）、（黄）をキッチンペーパーにつけ、エタノールでぼかしながら着色する。

〈成形〉
2　オーブントースターで加熱し、指の腹、指先で中央部分をくぼませる。

〈表面加工〉
3　UV-LEDレジンを塗り、UV-LEDライトで30秒以上照射して硬化させる。

〈穴をあける〉
4　（ピアス用の花のみ）ピンバイスで花の中心に穴をあける。

〈花の組み立て〉
●ピアス
5　【小花A】20mmのOピンにパール→ミルククラウン→パーツ→座金→ビーズを通す。
6　【小花D】20mmのOピン→パール→座金11mm→パーツ→座金9mm→ビーズを通す。

●ネックレス
7　ビーズ→座金→花の順で接着剤で貼る。

ピアス
小花A　小花D

ネックレス用花
小花A　小花D

花芯は接着剤で貼る。

スカシパーツに花を接着剤で貼る。

アクセサリーに仕立てる

〈ネックレス〉

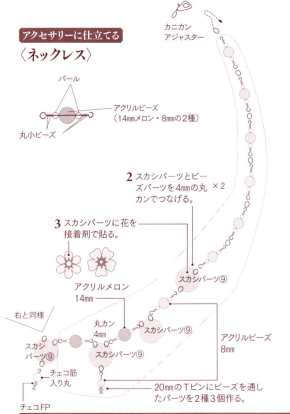

〈ピアス〉

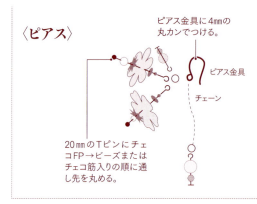

共通

ネックレス

P.18 Purple Weeping Flower

着色技法 加熱前着色 すりガラス風 加熱後着色 金ふち取り

花パーツ作り方 → P.39参照   **型　紙** →本体表紙

※（G）…ゴールド

〈使用型紙〉
かんざし
小花K…ら8枚

ネックレス
小花K…ら17枚

ピアス
小花K…ら6枚

〈花の材料〉
〔共通〕
プラバン
半透明プラバン 0.2mm厚

【小花K（つぼみ）／ネックレス用12、かんざし・ピアス用各6】
塗料
〈加熱前〉
ゼブラ ハイマッキー（紫）
サクラクレパス デコレーゼ（ラメベビーブルー）…花びらの筋

花芯
〈ネックレス〉
パール 4mm（ケシキスカ）…各1個 ┐
座金 8mm（G）…各1個   ├ ×12
グラスビーズ 丸小（COL.557（薄金））…各1個 │
Tピン 0.7×30mm（G）…各1本   ┘

〈ピアス〉
パール 4mm（ケシキスカ）…各1個 ┐
座金 8mm（G）…各1個   ├ ×6
グラスビーズ 丸小（COL.557（薄金））…各1個 │
Tピン 0.7×30mm（G）…各1本   ┘

〈かんざし〉
座金 8mm（G）…各1個×6

【小花K（開花a）／ネックレス用3、かんざし用1】
塗料
〈加熱前〉
ゼブラ ハイマッキー（紫）
サクラクレパス デコレーゼ（ラメベビーブルー）…筋

花芯
〈ネックレス〉
グラスビーズ 丸小（COL.557（薄金））…各2個 ┐
パール 4mm（ケシキスカ）…各1個   │
ミルククラウン 13mm（ピンク）…各1個   ├ ×3
座金 9×1.8mm（G）…各1個   │
Tピン 0.7×30mm（G）…各1本   ┘

〈かんざし〉
グラスビーズ 丸小（COL.557（薄金））…2個
パール 4mm（ケシキスカ）…1個
ミルククラウン 13mm（ピンク）…1個
座金 9×1.8mm（G）…1個
Tピン 0.7×30mm（G）…1本

【小花K（開花b）／ネックレス用2、かんざし用1】

塗料

〈加熱前〉
ゼブラ ハイマッキー（紫）
サクラクレパス デコレーゼ（ラメベビーブルー）…筋
ゼブラ マッキーペイントマーカー極細（金）…ライン、ふち取り

〈加熱後〉
ゼブラ マッキーペイントマーカー極細（金）…ふち取り

花芯

〈ネックレス〉
グラスビーズ 丸小（COL.557（薄金））…各2個
パール 4mm（ケシキスカ）…各1個
ミルククラウン 13mm（ピンク）…各1個   ×2
座金 9×1.8mm（G）…各1個
Tピン 0.7×30mm（G）…各1本

〈かんざし〉
グラスビーズ 丸小（COL.557（薄金））…2個
パール 4mm（ケシキスカ）…1個
ミルククラウン 13mm（ピンク）…1個
座金 9×1.8mm（G）…1個
Tピン 0.7×30mm（G）…1本

〈アクセサリー資材〉

〈かんざし〉
スカシパーツ⑤ 座金 30.5mm（G）…1個
かんざし 1カン付（G）…1個
アクリルビーズ 縦スジ 8mm（G）…2個
コットンパール 12mm…1個
ガラスビーズ ラウンド 6mm（ラベンダー）…5個
ワックスコード 0.7mm（G）…40～50cm
Tピン（G）0.7×30mm…1個／0.7×20mm…5個
丸カン 0.8×5mm（G）…3個
ボールチップ（G）…8個

〈ネックレス〉
ガラスビーズ ラウンド 6mm（ラベンダー）…12個
デザインチェーン（G）…約44cm
Tピン 0.7×20mm（G）…12本
丸カン 0.7×4mm（G）…19個
カニカン 7×5mm（G）…1個
アジャスター（G）…1個

〈ピアス〉
フレンチフックピアス（G）…2個
ガラスビーズ ラウンド 6mm（ラベンダー）…6個
デザインチェーン（G）…約2.5cm×2
Tピン 0.7×20mm（G）…6個
丸カン 0.7×4mm（G）…2個

型紙の組み合わせ

同じ型紙で
ひろげたもの

すぼめたもの

かんざし
小花K ら×8

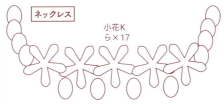

ネックレス
小花K ら×17

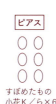

ピアス
すぼめたもの
小花K／ら×6

花パーツの作り方 → P.39参照

【小花K（つぼみ）】、【小花K（開花ab）】

〈加熱前着色〉
1 油性マーカー（紫）をキッチンペーパーにつけ、中心が濃くなるようエタノールでぼかしながらザラザラ面に着色する。
2 花の中心から外側に向かって、放射状にデコペン（ラメベビーブルー）で花びらの筋を描く。
3 【小花K（開花b）】は、不透明マーカー（金）で、花の筋を描き、ふち取りをする。
4 穴あけパンチで花の中心に穴をあける。

〈成形〉
5 【小花K（つぼみ）】はオーブントースターで加熱し、鉛筆を芯にして、着色面を外側にして曲げる。ネックレス12個、ピアス6個、かんざし6個。
6 【小花K（開花ab）】はオーブントースターで加熱し、ザラザラ面を上にして、指の腹、指先で中央部分をくぼませる。ネックレス5個、かんざし2個。

〈加熱後着色〉
7 【小花K（開花b）】は不透明マーカー（金）でふち取りする。

アクセサリーに仕立てる

〈ネックレス、ピアス、かんざし共通パーツの作り方〉

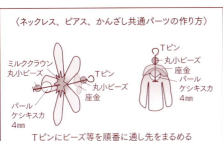

Tピンにビーズ等を順番に通し先をまるめる

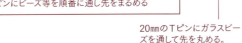

20mmのTピンにガラスビーズを通して先を丸める。

ネックレス

花パーツ・ビーズパーツのTピンの丸めた先を、丸カンにつなげチェーンにつける。

69

〈房の部分の作り方〉

1

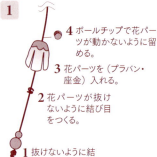

4 ボールチップで花パーツが動かないように留める。
3 花パーツを（プラバン・座金）入れる。
2 花パーツが抜けないように結び目をつくる。
1 抜けないように結びビーズを通す。

2

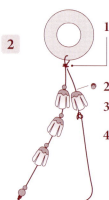

1 スカシパーツの一番下の穴にひもを通して2本まとめて縛る。
2 花パーツを通す。
3 花パーツが抜けないように結び目をつくる。
4 ボールチップでプラバンが動かないように留める。
あとは2、3、4繰り返し最後にビーズを通し、結び目をつくって余分を切って完成。

〈ピアス〉

ピアス金具
丸カン 4mm
チェーン

20mmのTピンにガラスビーズを通して先を丸める。

3

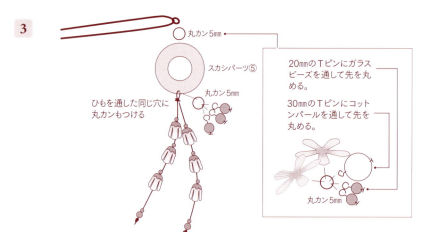

丸カン 5mm
スカシパーツ⑤
丸カン 5mm
ひもを通した同じ穴に丸カンもつける
20mmのTピンにガラスビーズを通して先を丸める。
30mmのTピンにコットンパールを通して先を丸める。
丸カン 5mm

〈パーツの作り方〉

Tピンに花芯パーツを通し、余分をカットして先を丸める。

P.19 *Floral Hair Comb*

着色技法 加熱前着色 すりガラス風　加熱後着色 アンティーク加工、金ふち取り

花パーツ作り方 → P.39参照　　型　紙 → P.93、95、前見返し、後ろ見返し、本体表紙
※（G）…ゴールド、（MWH）…ミルキーホワイト

〈使用型紙〉

ヘアコームA
小花B＋A…（か1枚＋お1枚）
小花D…し1枚
大花E…（ね1枚＋の1枚＋ひ1枚）
葉F…ぬ2枚

ヘアコームB
椿（大）…（ま1枚＋み2枚＋む2枚）
バラ（中）…（あ・い各1枚＋う2枚）
葉A…せ3枚　　葉B…そ4枚
小花I…て5枚

コサージュクリップ
椿（大）…（ま1枚＋み2枚＋む2枚）
葉H…よ1枚

ピアス
椿（小）…（ま1枚＋み2枚）×2

〈花の材料〉
〔共通〕

プラバン
半透明プラバン 0.2mm厚

【大花E1セット／ヘアコームA】 ※大輪ブラウン

塗料
〈加熱前〉
ゼブラ ハイマッキー（ライトブラウン）、（ピンク）
ゼブラ マッキーペイントマーカー極細（金）…ライン
〈加熱後〉
ゼブラ マッキーペイントマーカー極細（金）…ふち取り

花芯
ミルククラウン 17mm（ピンク）…1個
ツメ付ラインストーン 5mm（ライトローズ／G）…1個

【小花D1枚／ヘアコームA】

塗料

〈加熱前〉

ゼブラ ハイマッキー（青＋黒）

ゼブラ マッキーペイントマーカー極細（金）…ライン

〈加熱後〉

ゼブラ マッキーペイントマーカー極細（金）…アンティーク加工、ふち取り

花芯

ミルククラウン 12㎜（ピンク）…1個

ツメ付ラインストーン 5㎜（ライトローズ／G）…1個

【小花B＋小花A1セット／ヘアコームA】

●小花A　下段の5弁

（無着色）

塗料

ゼブラ マッキーペイントマーカー極細（金）…ライン

〈加熱後〉

ゼブラ マッキーペイントマーカー極細（金）…アンティーク加工、ふち取り

●小花B　上段の5弁

塗料

〈加熱前〉

ゼブラ ハイマッキー（ピンク）

ゼブラ マッキーペイントマーカー極細（金）…ライン

〈加熱後〉

ゼブラ マッキーペイントマーカー極細（金）…アンティーク加工、ふち取り

花芯

ミルククラウン 8㎜（G）…1個

チェコビーズ ファイアポリッシュ 4㎜（ライトアメジスト）…1個

【葉F2枚／ヘアコームA】

（無着色）

塗料

〈加熱後〉

ゼブラ マッキーペイントマーカー極細（金）…アンティーク加工、ふち取り

【椿（大）（小）／ヘアコームB・コサージュクリップ各1セット、ピアス2セット】

塗料

〈加熱前〉

ゼブラ ハイマッキー（赤＋紫）

〈加熱後〉

ゼブラ マッキーペイントマーカー極細（金）…ふち取り

共通の花芯

コットンパール（ピアスは半円パール）6㎜…各1個

グラスビーズ 丸小（COL.557（薄金））…適量 各20〜30個

〈ヘアコーム〉

共通の花芯 ×1

〈コサージュクリップ〉

共通の花芯 ×1

〈ピアス〉

共通の花芯 ×2

【バラ（中）1セット／ヘアコームB】

塗料

〈加熱前〉

ゼブラ ハイマッキー（黒＋ライトブルー）

〈加熱後〉

ゼブラ マッキーペイントマーカー極細（金）…ふち取り

花芯

ツメ付ラインストーン 5㎜（ブラックダイヤ／G）…1個

【小花I 5枚／ヘアコームB】　※黄の花

塗料

〈加熱前〉

ゼブラ ハイマッキー（黄＋ライトブラウン）

〈加熱後〉

ゼブラ マッキーペイントマーカー極細（金）…ふち取り

花芯

ガラスパール 4㎜（MWH）…各1個×5

【葉A3枚、葉B4枚／ヘアコームB】

塗料

〈加熱前〉

ゼブラ ハイマッキー（ライトグリーン＋ライトブラウン）

〈加熱後〉

ゼブラ マッキーペイントマーカー極細（金）…ふち取り

【葉H1枚／コサージュクリップ】

塗料

〈加熱前〉

ゼブラ ハイマッキー（緑）

ゼブラ ハイマッキー（紫）…葉脈

〈加熱後〉

ゼブラ マッキーペイントマーカー極細（金）…ふち取り

〈アクセサリー資材〉

〈ヘアコームA〉

コーム 13本足（G）…1個

〈ヘアコームB〉

スカシパーツ③ 座金 50×29㎜（G）…1個

コーム 13本足（G）…1個

ガラスパール 4㎜（MWH）…4個

クラフトワイヤー #28（G）…55〜60㎝

〈コサージュクリップ〉

コサージュクリップ（G）…1個

フェルト 3×3㎝…1枚

〈ピアス〉

チタンピアス 6㎜ 貼付（G）…2個

型紙の組み合わせ

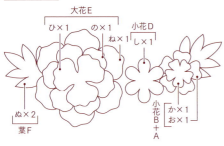

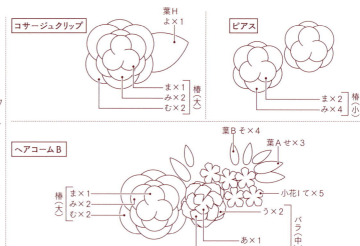

花パーツの作り方　→P.39参照

【大花E／ヘアコームA】
〈加熱前着色〉
1. 油性マーカー（ライトブラウン）をキッチンペーパーにつけ、エタノールで薄め、ぼかしながらザラザラ面に着色する。（ピンク）をキッチンペーパーにつけ、下に敷いた紙などにこすって余分なインクを落としてから花びらの先端にのみ塗る。
2. 不透明マーカー（金）でラインを描く。

〈成形〉

3. 1枚目（型紙ひ）をオーブントースターで加熱し、ザラザラ面を上にして、指の腹にのせて曲げる。
4. 2枚目以降の花（型紙の→ね）は、オーブントースターで加熱し、ザラザラ面を上にして、1つ前の花に重ねてカーブを沿わせるように曲げる。

〈加熱後着色〉

5. 不透明マーカー（金）でふち取りする。

〈花の組み立て〉

6. 花を接着剤で貼り、花芯はミルククラウン→ラインストーンの順で接着剤で貼る。

【小花D／ヘアコームA】
〈加熱前着色〉
1. 油性マーカー（青）、（黒）をキッチンペーパーにつけ、ザラザラ面にぼかしながら着色する。
2. 不透明マーカー（金）でラインを描く。

〈成形〉

3. オーブントースターで加熱し、ザラザラ面を上にして、指の腹にのせて曲げる。

〈加熱後着色〉

4. 不透明マーカー（金）をキッチンペーパーに取り、ポンポンと塗ってアンティーク加工し、ふち取りする。

〈花の組み立て〉

5. 花を接着剤で貼り、花芯はミルククラウン→ラインストーンの順で接着剤で貼る。

【小花A＋小花B／ヘアコームA】
〈加熱前着色〉
●小花B
1. 小花B（型紙か）は油性マーカー（ピンク）をキッチンペーパーにつけ、ザラザラ面にぼかしながら着色する。
2. 小花A、B共に不透明マーカー（金）で放射状にラインを描く。

〈成形〉

3. 小花B（型紙か）をオーブントースターで加熱し、ザラザラ面を上にして、指の腹にのせて曲げる。
4. 小花A（型紙お）をオーブントースターで加熱し、ザラザラ面を上にして、小花Bに沿わせて曲げる。

〈加熱後着色〉

5. 小花A、B共に不透明マーカー（金）をキッチンペーパーに取り、ザラザラ面にポンポンと塗ってアンティーク加工し、ふち取りをする。

〈花の組み立て〉

6. 小花B→小花Aを接着剤で貼り、花芯はミルククラウン→ビーズの順で接着剤で貼る。

【葉F／ヘアコームA】
〈成形〉
1. 葉は無着色のままオーブントースターで加熱し、ザラザラ面を上にして、少し曲げる。

〈加熱後着色〉

2. 不透明マーカー（金）をキッチンペーパーにとり、ザラザラ面にムラになるように塗ってアンティーク加工し、ふち取りする。

【椿（大）（小）／ヘアコームB、ピアス、コサージュクリップ】
〈加熱前着色〉
1. 油性マーカー（赤）、（紫）をキッチンペーパーにつけ、ぼかしながらザラザラ面に着色する。全面に塗るか、筋状に塗るかで雰囲気が異なる。

〈成形〉

2. 1枚目（型紙ま）をオーブントースターで加熱し、ザラザラ面を上にして、指の腹にのせて曲げる。2枚目以降の花（型紙み2枚→む2枚）は加熱し、ザラザラ面を上にして、1つ前の花に重ねてカーブを沿わせるように曲げる。

〈加熱後着色〉
3 不透明マーカー（金）でふち取りをする。
〈花の組み立て〉
4 花を接着剤で貼り合わせる。
5 花芯パーツは、中央に接着剤で貼る。

【バラ（中）／ヘアコームB】
〈加熱前着色〉
1 油性マーカー（黒）、（ライトブルー）をキッチンペーパーにつけ、エタノールでぼかしながらザラザラ面に着色する。
〈成形〉
2 1枚目（型紙あ）をオーブントースターで加熱し、ザラザラ面を上にして、指の腹にのせて曲げる。2枚目以降の花（型紙い→う2枚）は加熱し、ザラザラ面を上にして、1つ前の花に重ねてカーブを沿わせるように曲げる。
〈加熱後着色〉
3 不透明マーカー（金）でふち取りをする。
〈花の組み立て〉
4 花を接着剤で貼り合わせ、ラインストーンを貼る。

【小花I／ヘアコームB】
〈加熱前着色〉
1 油性マーカー（黄）、（ライトブラウン）をキッチンペーパーにつけ、エタノールでぼかしながらザラザラ面に着色する。
〈成形〉
2 オーブントースターで加熱し、ザラザラ面を上にして、指の腹、指先で中央部分をくぼませる。

〈加熱後着色〉
3 不透明マーカー（金）でふち取りをする。
〈花の組み立て〉
4 花の中心にピンバイスで穴を開ける。

【葉A、B／ヘアコームB】
〈加熱前着色〉
1 油性マーカー（ライトグリーン）、（ライトブルー）をキッチンペーパーにつけ、エタノールでぼかしながらザラザラ面に着色する。
〈成形〉
2 加熱し、ザラザラ面を上にして、少しひねって成形する。
〈加熱後着色〉
3 不透明マーカー（金）でふち取りをする。
〈花の組み立て〉
4 葉の根元にピンバイスで穴を開ける。

【葉H／コサージュクリップ】
〈加熱前着色〉
1 油性マーカー（緑）をキッチンペーパーにつけ、ぼかしながらザラザラ面に着色する。
2 油性マーカー（紫）をキッチンペーパーでこすって葉脈を描くように着色する。
〈成形〉
3 オーブントースターで加熱し、ザラザラ面を上にして、ぺったりならないように葉先を起こす。
〈加熱後着色〉
4 不透明マーカー（金）でふち取りをする。

アクセサリーに仕立てる
● ワイヤーでパーツを組み合わせる
〈ヘアコームB〉

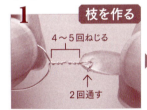

1 枝を作る
半分に折ったワイヤーに葉Bを通し、穴にワイヤーを2回通して、ワイヤーを4〜5回ねじる。

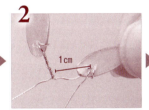

2 2本のうち1本のワイヤーに葉Bを通し（穴にワイヤーを2回通す）、1cmほどの位置でワイヤーを折る。

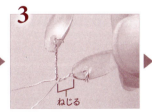

3 最初の場所に戻るまでワイヤーをねじる。

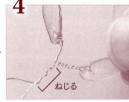

4 ワイヤーを2本まとめてねじる。

5 先ほどとは反対側のワイヤーに葉Aを通す（穴にワイヤーを2回通す）。

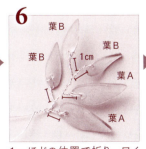

6 1cmほどの位置で折り、ワイヤーをねじる。再度ワイヤーを2本まとめ、葉B→葉Aを同様につける。

7 右ワイヤーをスカシパーツに何度かしっかりと巻き付ける。

8 余分なワイヤーを切って平ヤットコでつぶして固定する。

9 パールパーツ

左側のワイヤーも写真のようにスカシパーツを通し、パールを通して1.5〜2cmほどの部分で折り曲げる。

10

ワイヤーを根元までねじった後、再び少し左からワイヤーを出し、同様にパールを通してねじる。これを3個分行う。

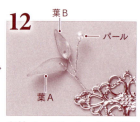

11

3個つけ終わったらワイヤーをスカシパーツに5回巻き付けて、余分はカットして平ヤットコで先をつぶして固定する。

12

左枝パーツは、1〜8の手順で、葉B→パール→葉Aの順でつける。

13 小花I

ワイヤーを5回ほどスカシパーツに巻きつけ、【小花I】の穴にワイヤー→ビーズを通し、穴にワイヤーを戻す。

14

ワイヤーを引っぱり、スカシパーツに花をギュッと寄せる。

15

穴を移動しながら、花を編み込んでいく。バラをつけるスペースは残しておく。

16

ヘアコームにスカシパーツを接着剤で貼る。

17

椿（大）を接着剤で貼る。

18

バラ（中）を接着剤で貼る。

〈ヘアコームA〉

1

【葉F】2枚をヘアコームに接着剤で貼る。

2

【大花E】、【小花D】、【小花B＋A】を接着剤で貼る。

〈ピアス〉

1

半円パールにUV-LEDレジンで丸小ビーズを貼り、花芯を作る（詳細はP.43参照）。

2

花びらを接着剤で貼り、花芯も接着剤で貼る。

3

ピアス金具も接着剤で貼る。

〈コサージュクリップ〉

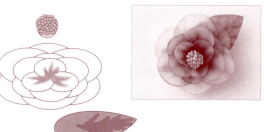

全てのパーツを接着剤で貼る。

P.20 *Elegant Black Flower*

着色技法 | 加熱前着色 エナメルジュエリー風 | 加熱後着色 金ふち取り

花パーツ作り方 → P.42 参照

型 紙 → P.93、95、前見返し、後ろ見返し

※（G）…ゴールド

〈使用型紙〉

ピアス
中花F …へ2枚

ネックレス
椿（中）…1セット（ま1枚＋み2枚＋む2枚）
バラ（中）…1セット（あ・い各1枚＋う2枚）
小花D…し1セット（実線／点線各1枚）
中花F…へ2枚
葉F…ぬ1枚
小花G…ち2枚
葉G…ほ2枚

〈花の材料〉

〔共通〕

表面加工
〈加熱後〉
パジコ UV-LEDレジン星の雫 ハードタイプ

エナメルジュエリー風（加熱前着色）

【中花F／ピアス用2枚、ネックレス用2枚】
【小花D／ネックレス用1セット】

プラバン
半透明プラバン 0.2mm厚

塗料
〈加熱前〉
ゼブラ ハイマッキー（黒）
ツキネコ ブリリアンス デュードロップ（パールラベンダー）
〈加熱後〉
ゼブラ マッキーペイントマーカー極細（金）…ふち取り

共通の花芯
ミルククラウン 13mm（ホワイト）…各1個
スワロフスキー #5810 4mm（ナイトブルー）…各1個

〈中花F／ネックレス〉
共通の花芯 ×2
〈中花F／ピアス〉
共通の花芯 ×2
〈小花D／ネックレス〉
共通の花芯 ×1

【小花G／ネックレス用1枚】

プラバン
半透明プラバン 0.2mm厚

塗料
〈加熱前〉
三菱鉛筆 色鉛筆 NO.880（うすだいだい）
ゼブラ ハイマッキー（黒）
ツキネコ ブリリアンス デュードロップ（パールラベンダー）

〈加熱後〉
ゼブラ マッキーペイントマーカー極細（金）…ふち取り
花芯
ブリオン 1.5mm（G）…4個

エナメルジュエリー風（黒プラバン／加熱前着色）

【椿（中）、バラ（中）／ネックレス用各1セット】
【葉F／ネックレス用1枚】

プラバン
黒プラバン 0.2mm厚

塗料
〈加熱前〉
ツキネコ ブリリアンス デュードロップ（パールラベンダー）
〈加熱後〉
ゼブラ マッキーペイントマーカー極細（金）…ふち取り
花芯
〈椿（中）〉
コットンパール 6mm…1個
グラスビーズ 丸小（COL.557（薄金））…適量
〈バラ（中）〉
座金 8mm（G）…1個
スワロフスキー #5810 6mm（ナイトブルー）…1個

【小花G／ネックレス用1枚】【葉G／ネックレス用2枚】

プラバン
黒プラバン 0.2mm厚

塗料
〈加熱前〉
三菱鉛筆 色鉛筆 NO.880（うすだいだい）
ツキネコ ブリリアンス デュードロップ（パールラベンダー）
〈加熱後〉
ゼブラ マッキーペイントマーカー極細（金）…ふち取り
花芯
〈小花G〉
ブリオン 1.5mm（G）…4個

〈アクセサリー資材〉

〈ピアス〉
スカシパーツ⑨ 6弁花15mm（G）…2個
チタンピアス 6mm 貼付（G）…2個
パール 6mm…2個／4mm…2個
ガラスビーズ 10mm（紫）…2個
Tピン 0.7×45mm（G）…2本
丸カン 0.7×4mm（G）…2個

〈ネックレス〉
スカシパーツ③ 座金 50×29mm（G）…4個
スカシパーツ④ 楕円 34×25mm（G）…1個
ユリアパール 5mm（ガンメタ）…32個
パール 6mm…67個／4mm…34個
ガラスビーズ 10mm（紫）…4個
爪付きオーバル 13×18mm（ブラックダイヤ／G）…2個
丸カン（G）1×6mm…2個／0.8×5mm…8個／0.7×4mm…4個
カニカン 7×5mm（G）…1個
カシメ玉（G）…8個
ボールチップ（G）…8個

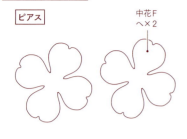
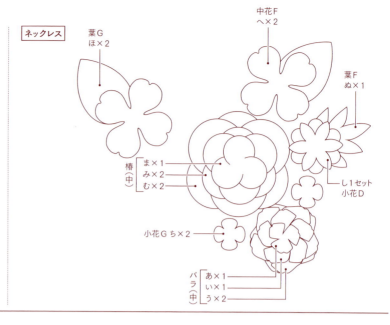

花パーツの作り方 →P.42参照

エナメルジュエリー風（黒プラバン／加熱前着色）

【椿（中）、バラ（中）、葉F】
〈加熱前着色〉
1 ブリリアンス（パールラベンダー）をポンポンと塗り、乾燥させる。
〈成形〉
2 椿（型紙ま）、バラ（型紙あ）は1枚目をオーブントースターで加熱し、指の腹や指先で曲げる。
3 2枚目以降の花は、椿（型紙み2枚→む2枚）、バラ（型紙い→う2枚）の順にオーブントースターで加熱し、1つ前の花に重ねてカーブを沿わせるように曲げる。
4 葉は指の腹や指先で曲げる。
〈加熱後着色〉
5 不透明マーカー（金）でふち取りする。
〈表面加工〉
6 接着剤で花を貼り合わせてからUV-LEDレジンを塗り、UV-LEDライトに入れて30秒以上照射して硬化させる。
〈花の組み立て〉
7 椿の花は接着剤で貼り合わせ、花芯パーツを作り（P.43参照）、中央に接着剤で貼る。
8 バラの花と花芯も接着剤で貼り合わせる。

【小花G1枚、葉G】
〈加熱前着色〉
1 色鉛筆（うすだいだい）で線を描く。
2 ブリリアンス（パールラベンダー）をポンポンと塗る。
〈成形〉
3 オーブントースターで加熱し、指の腹や指先で曲げる。
〈加熱後着色〉
4 不透明マーカー（金）でふち取りする。
〈花の組み立て〉
5 花芯のブリオンを置き、UV-LEDレジンを塗り、UV-LEDライトで30秒以上照射し、接着する。

エナメルジュエリー風（半透明プラバン／加熱前着色）

【中花F、小花D】
〈加熱前着色〉
1 油性マーカー（黒）をキッチンペーパーにつけ、エタノールでぼかしながらザラザラ面に着色する。
2 ブリリアンス（パールラベンダー）をポンポンと塗る。
〈成形〉
3 オーブントースターで加熱し、ザラザラ面を上にして、指の腹、指先で中央部分をくぼませる。
4 小花Dは上の花のカーブに合わせて、下の花を成形する。
〈加熱後着色〉
5 不透明マーカー（金）でふち取りをする。
〈表面加工、花の組み立て、接着〉
6 花にミルククラウン→スワロフスキーを置き、全体にUV-LEDレジンを塗り、UV-LEDライトで30秒以上照射し、接着する。

【小花G1枚】
〈加熱前着色〉
1 ザラザラ面に色鉛筆（うすだいだい）で線を描く。
2 油性マーカー（黒）をキッチンペーパーにつけ、エタノールでぼかしながら着色する。
3 ブリリアンス（パールラベンダー）をポンポンと塗る。
〈成形〉
4 オーブントースターで加熱し、ザラザラ面を上にして、指の腹、指先で中央部分をくぼませる。
〈加熱後着色〉
5 不透明マーカー（金）でふち取りをする。
〈表面加工・接着〉
6 花芯のブリオンを置き、UV-LEDレジンを塗り、UV-LEDライトで30秒以上照射し、接着する。

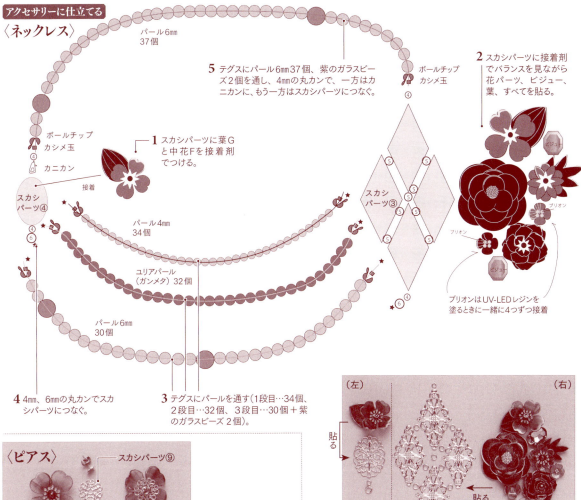

P.21 *White Floral Bouquet*

着色技法　無着色 花　加熱前着色 葉／すりガラス風

花パーツ作り方 → P.43参照　　型紙 → P.95
※(G)…ゴールド、(MWH)…ミルキーホワイト

〈使用型紙〉

バングル
葉C…た3枚
小花I…て12枚

ピアス
葉C…た2枚
小花I…て8枚

コサージュクリップ
葉C…た7枚
小花I…て11枚

ネックレス
葉C…た5枚
小花I…て20枚

〈花の材料〉
〔共通〕

プラバン
半透明プラバン 0.2mm厚

【小花I／ネックレス用20枚、バングル用12枚、
ピアス用8枚、コサージュクリップ用11枚】

塗料
無着色

花芯

〈バングル〉
ユリアパール 2mm(キスカ)…各1個×12

〈ピアス〉
ユリアパール 2mm(キスカ)…各1個×8

〈コサージュクリップ〉
ユリアパール 2mm(キスカ)…各1個×11
※ただし目安。個数は自由に。

〈ネックレス〉
ユリアパール 2mm(キスカ)…各1個×20

【葉C／ネックレス用5枚、バングル用3枚、ピアス用2枚、コサージュクリップ用7枚】

塗料
〈加熱前〉
ゼブラ ハイマッキー（ライトブラウン＋ライトグリーン）

〈アクセサリー資材〉
共通パーツ
ガラスパール 4mm（MWH）…各1個
アクリルパール 雫 5×8mm（キスカ）…各1個
座金 10mm（G）…各2個
強力テグス 3号（クリア）…各 適量
Tピン 0.7×20mm（G）…各1本
丸カン 0.7×4mm（G）…各3個

〈バングル〉
共通パーツ ×3
＋
カン付きバングル 線径3mm（G）…1個

〈ピアス〉
共通パーツ ×2
＋
フープピアス 17mm（G）…2個
丸カン 0.7×4mm（G）…2個

〈コサージュクリップ〉
クリップ付ブローチ シャワー（G）…1個
ガラスパール 4mm（MWH）…3個程度
強力テグス 3号（クリア）…約50cm

〈ネックレス〉
共通パーツ ×5
※うち1点のみ、Tピン20mmのかわりに9ピン30mmを使用
＋
アクリルパール 雫 5×8mm（キスカ）…33個
コットンパール 10mm（リッチカラー）…15個
Tピン 0.7×20mm（G）…1本
9ピン（G）0.7×30mm…17本／0.7×20mm…14本
丸カン 0.7×4mm（G）…35個
カニカン 7×5mm（G）…1個
アジャスター（G）…1個

型紙の組み合わせ

バングル
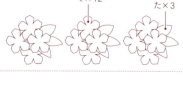
小花I て×12 葉C た×3

コサージュクリップ

小花I て×11 葉C た×7

ピアス
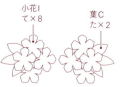
小花I て×8 葉C た×2

ネックレス
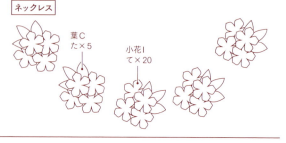
葉C た×5 小花I て×20

花パーツの作り方 →P.43参照

【小花I】
〈成形する〉
1 花は無着色のままオーブントースターで加熱し、ザラザラ面を上にして、指の腹、指先で中央部分をくぼませる。
〈花の組み立て〉
2 花の中央にピンバイスで穴をあける。

【葉C】
〈加熱前着色〉
1 油性マーカー（ライトブラウン）、（ライトグリーン）をキッチンペーパーにつけ、エタノールでぼかしながらザラザラ面に着色する。
〈成形する〉
2 葉はオーブントースターで加熱し、ザラザラ面を上にして、指先で軽く曲げる。
〈花の組み立て〉
3 葉の根元にピンバイスで穴をあける。

アクセサリーに仕立てる
〈バングル、ピアス、ネックレス共通パーツ〉

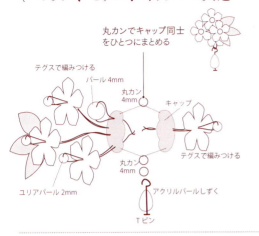

〈ネックレス〉

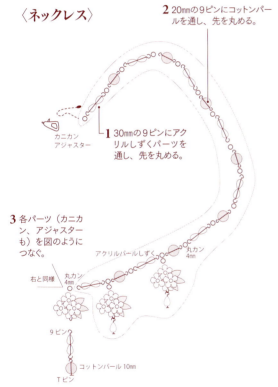

1

テグスにパールを通す→2本のテグスに花、キャップを通して裏で結ぶ。

2

葉、花、パールをキャップにテグスで編み付け、裏で結ぶ。

3

1、2を4mmの丸カンでつなげ、20mmのTピンで作ったパールパーツ、各アクセサリー金具をつける。

ネックレス用

共通パーツを5つ用意する（4つは基本どおり、もう1つは先端のアクリルパールしずく部分を上写真の★印のように変更。左図も参照）。

〈バングル〉 共通パーツの上の4mmの丸カンをバングルのカンにつなげる（難しかったらもう一つずつ4mmの丸カンを足してもよい）。

〈ピアス〉

ピアス金具に4mmの丸カンで共通パーツをつける。

〈コサージュクリップ〉
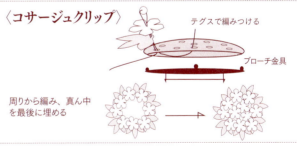
周りから編み、真ん中を最後に埋める

〈コサージュクリップの作り方〉

1

テグスの端を4〜5mmほど残し、シャワーカンの円周に近い穴に裏からテグスを通す。

2

隣の穴からテグスを出して、葉→花→パールの順に通し、テグスを元の穴に再度通す。

3

外周を1周分行ったら、真ん中は、シャワーカンが隠れるように花とパールを編み込む。さらに隙間をパールだけを編み付けて埋めていく。

4

巻き始めと巻き終わりのテグスを縛って、余分を切る。シャワー台にはめてツメを折る。

P.22 *Olive*

着色技法 無着色 花 ／ 加熱前着色 葉 ／ すりガラス風

花パーツ作り方 → P.43参照　　型　紙 → P.95

※(G)…ゴールド

〈使用型紙〉

【ヘアコーム】
葉A…せ6枚
葉B…そ7枚
小花G…ち3枚

【ピアス】
葉A…せ6枚
葉B…そ8枚
小花G…ち2枚

【ネックレス】
葉A…せ11枚
葉B…そ14枚
葉C…た1枚
小花G…ち4枚

〈花の材料〉
〔共通〕
【プラバン】
半透明プラバン 0.2mm厚

【型紙の組み合わせ】

ヘアコーム

葉A せ×6
葉B そ×7
小花G ち×3

ピアス

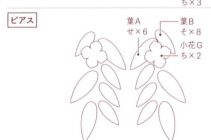

葉A せ×6
葉B そ×8
小花G ち×2

ネックレス

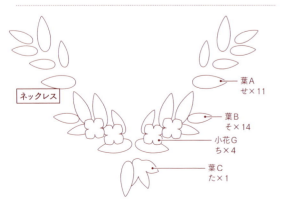

葉A せ×11
葉B そ×14
小花G ち×4
葉C た×1

【小花G／ヘアコーム3枚、ピアス2枚、ネックレス4枚】
【塗料】
無着色
【花芯】
〈ピアス〉
グラスビーズ 丸小（COL.557（薄金））…各2個×2
〈ヘアコーム〉
グラスビーズ 丸小（COL.557（薄金））…各2個×3
〈ネックレス〉
グラスビーズ 丸小（COL.557（薄金））…各2個×4

【葉A／ヘアコーム7枚、ピアス6枚、ネックレス13枚】
【葉B／ヘアコーム5枚、ピアス8枚、ネックレス12枚】
【塗料】
ゼブラ ハイマッキー（ライトグリーン＋緑）

〈アクセサリー資材〉
〈ヘアコーム〉
ヘアコーム 37×40mm（G）…1個
チェコラウンドビーズ 5mm（オリーブ）…8個
クラフトワイヤー #30（G）…70cm程度
〈ピアス〉
ピアス金具 丸玉・カン付（G）…2個
チェコラウンドビーズ 5mm（オリーブ）…8個
クラフトワイヤー #30（G）…約40cm×2
Tピン 0.7×20mm（G）…8本
9ピン 0.7×45mm（G）…4本
丸カン 0.7×4mm（G）…4個
〈ネックレス〉
チェコラウンドビーズ 5mm（オリーブ）…11個
デザインチェーン（G）…約15cm×2
クラフトワイヤー #30（G）…約40cm×4
Tピン 0.7×20mm（G）…11本
9ピン 0.7×45mm（G）…8本
丸カン（G）1×6mm…2個／0.7×4mm…9個
カニカン 7×5mm（G）…1個
アジャスター（G）…1個

【花パーツの作り方】 → P.43参照

【葉A、B】
〈加熱前着色〉
1 油性マーカー（ライトグリーン）、（緑）をキッチンペーパーにつけ、ぼかしながらザラザラ面に着色する。
〈成形する〉
2 オーブントースターで加熱し、ザラザラ面を上にして、指先で葉を軽くひねる。
〈花の組み立て〉
3 ピンバイスで根元に穴をあける。

【小花G】
〈成形する〉
1 花は無着色のままオーブントースターで加熱し、ザラザラ面を上にして、指の腹、指先で中央部分をくぼませる。
〈花の組み立て〉
2 ピンバイスで花の真ん中に穴をあける。

|アクセサリーに仕立てる|

〈ピアス、ネックレス共通パーツの作り方〉

1

9ピンの先を丸める。

輪を揃えて指でおさえ9ピン2本をまとめてねじる。

※葉っぱの数はお好みで増減してもOK。

2 枝を作りながら（P.74参照）、葉を編みつける。

3 花は穴からワイヤーを通し、丸小ビーズ2個を通し、同じ穴にワイヤーを戻し、ワイヤーを枝に巻いて固定する。

4 ワイヤーは9ピンの枝にぎゅっと巻きつけ、端は平ヤットコでつぶす。

花のないバージョン

〈ヘアコーム〉

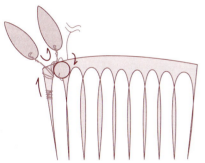

1 ヘアコームにバランスをみながらパーツを巻き付ける（P.33参照）。

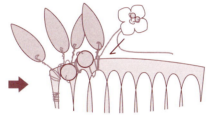

2 花は穴からワイヤーを出し、丸小ビーズ2個を通し、同じ穴に戻す。

3 花とチェコラウンドビーズ（5mm オリーブ）のワイヤーは ヘアコーム上部にギュッと締めつけてくっつける。

〈ピアス〉

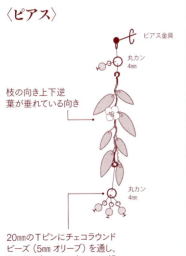

ピアス金具
丸カン 4mm

枝の向き上下逆
葉が垂れている向き

丸カン 4mm

20mmのTピンにチェコラウンドビーズ（5mm オリーブ）を通し、先を曲げ、4mmの丸カンで組み立てる。

〈ネックレス〉

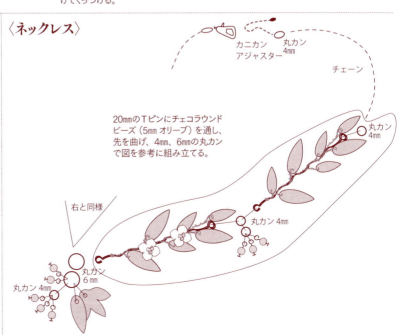

カニカン
アジャスター
丸カン 4mm
チェーン

20mmのTピンにチェコラウンドビーズ（5mm オリーブ）を通し、先を曲げ、4mm、6mmの丸カンで図を参考に組み立てる。

丸カン 4mm

右と同様

丸カン 4mm
丸カン 6mm

81

P.23 Oriental Flower

着色技法	無着色	花
	加熱前着色	すりガラス風、金ライン・輪郭
	加熱後着色	金ふち取り

花パーツ作り方 → P.44参照　　型　紙 → 後ろ見返し、本体表紙

※（G）…ゴールド、（MWH）…ミルキーホワイト

〈使用型紙〉

はなみずき帯留め
はなみずき（大）…ゆ 1枚
葉H…よ 1枚

はなみずきピアス
中花F…へ 2枚

蘭帯留め
蘭（大）…もab 1セット

蘭ピアス
蘭（小）…やab 2セット

〈花の材料〉

〔共通〕
プラバン
半透明プラバン 0.2mm厚

【はなみずき（大）／帯留め用1セット】【中花F／ピアス用2枚】

塗料
〈加熱前〉
無着色／ゼブラ マッキーペイントマーカー極細（金）…ライン
〈加熱後〉
ゼブラ マッキーペイントマーカー極細（金）…ふち取り

花芯
〈帯留め〉
グラスビーズ 丸小（COL.557（薄金））…適量
コットンパール 6mm…1個
〈ピアス〉
グラスビーズ 丸小（COL.557（薄金））…各 適量 ┐
半円パール 4mm…各1個 ─────────┴×2

【葉H／はなみずき帯留め用1枚】葉

塗料
〈加熱前〉
ゼブラ ハイマッキー（緑）／マッキーペイントマーカー極細（金）…ライン
〈加熱後〉
ゼブラ マッキーペイントマーカー極細（金）…ふち取り

【蘭（大）／帯留め用1セット】【蘭（小）／ピアス用2セット】

塗料
〈加熱前〉
ゼブラ ハイマッキー（赤＋ピンク）／マッキーペイントマーカー極細（金）…ライン
〈加熱後〉
ゼブラ マッキーペイントマーカー極細（金）…ふち取り

花芯
〈帯留め〉
ツメ付ラインストーン 7mm（ピンク／G）…1個
Oピン 0.6×30mm（G）…3本
丸カン 1×6mm（G）…1個
〈ピアス〉
ツメ付ラインストーン 5mm（ライトローズ／G）…各1個×2

〈アクセサリー資材〉

〈はなみずき帯留め〉
スカシパーツ④ 楕円34×25mm（G）…1個
帯留（中）16×26mm（G）…1個
チェコビーズ 筋入り丸 8mm（ホワイトゴールドライン）…1個
ガラスパール 6mm（MWH）…1個
Tピン 0.7×45mm（G）…1本
カニカン 7×5mm（G）…1個
堅牢染リリヤーン（山吹）…適量

〈はなみずき　ピアス〉
スカシパーツ⑨ 6弁花15mm（G）…2個
チタンピアス 6mm 貼付（G）…2個
アクリルビーズ 横スジ 14mm（G）…2個
チェコビーズ 筋入り丸 8mm（ホワイトゴールドライン）…2個
Tピン 0.7×30mm（G）…2本
丸カン 0.7×4mm（G）…2個

〈蘭 帯留め〉
スカシパーツ① 角丸四角 41mm（G）…1個
帯留（中）16×26mm（G）…1個
スワロフスキー #5328 6mm（アメジスト）…1個
ガラスパール 6mm（MWH）…1個
座金 12mm（G）…1個
Tピン 0.7×45mm（G）…1本
カニカン 7×5mm（G）…1個
OLYMPUS ししゅう糸 #5（COL.283（黄緑））…適量

〈蘭　ピアス〉
フックピアス チェーン付（G）…2個
チェコビーズ ファイアポリッシュ 4mm（ライトアメジスト）…4個
Tピン 0.7×20mm（G）…4個

型紙の組み合わせ

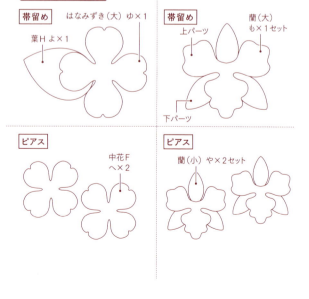

帯留め　はなみずき（大）ゆ×1　葉Hよ×1

帯留め　蘭（大）もab×1セット　上パーツ　下パーツ

ピアス　中花Fへ×2

ピアス　蘭（小）や×2セット

花パーツの作り方 → P.44参照

【はなみずき（大）、中花F】

〈加熱前着色〉
1 不透明マーカー（金）で花の筋と輪郭の線をザラザラ面に描く。

〈成形〉
2 オーブントースターで加熱し、ザラザラ面を上にして、指の腹、指先で中央部分をくぼませ、花の縁は反らせるように曲げる。

〈加熱後着色〉
3 不透明マーカー（金）でふち取りする。

〈花の組み立て〉
4 コットンパール（ピアスは半円パール）にグラスビーズをUV-LEDレジンで接着して花芯を作る（P.43椿の花芯参照）。花の中央に接着剤で花芯を貼る。

【葉H】

〈加熱前着色〉
1 油性マーカー（緑）をキッチンペーパーにつけ、ぼかしながらザラザラ面に着色する。
2 不透明マーカー（金）で花の筋と輪郭の線を描く。

〈成形〉
3 オーブントースターで加熱し、ザラザラ面を上にして、葉の先を軽く曲げる。

〈加熱後着色〉
4 不透明マーカー（金）でふち取りする。

【蘭（大）（小）】

〈加熱前着色〉
1 油性マーカー（赤）、（ピンク）をキッチンペーパーにつけ、エタノールでぼかしながらザラザラ面の花びら先端を中心に着色する。
2 不透明マーカー（金）で筋を描く（中央は塗らない）。

〈成形〉
● 上パーツ（重ねた時上になるほう）
3 オーブントースターで加熱し、ザラザラ面を上にして、上パーツの下部をギュッと狭め、上部を外へ反らせる。
● 下パーツ（重ねた時下になるほう）
4 オーブントースターで加熱し、ザラザラ面を上にして、上パーツに重ねながら外側へゆるやかに反らせる。

〈加熱後着色〉
5 不透明マーカー（金）でふち取りする。

〈花の組み立て〉
● 帯留め
6 ラインストーンの裏穴に丸カンを通し、そこに先を丸めたOピンを3個つなげる（下記 蘭花芯 写真参照）。上下の花、花芯を接着剤で貼る。
● ピアス
7 下の花の先端1カ所にピンバイスで穴を開ける。
8 上下の花、花芯のラインストーンを接着剤で貼る。

アクセサリーに仕立てる

〈ピアス〉

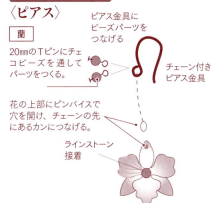

蘭
- 20mmのTピンにチェコビーズを通してパーツをつくる。
- ピアス金具にビーズパーツをつなげる
- チェーン付きピアス金具
- 花の上部にピンバイスで穴を開け、チェーンの先にあるカンにつなげる。
- ラインストーン接着

はなみずき
- 接着
- スカシパーツ⑨
- ピアス金具
- 丸カン4mm

Tピン

この順に通す

Tピンにチェコビーズ→アクリルビーズの順に通し、Tピンの余分をカットして丸める。

〈帯留め〉

スカシパーツ④　帯留め　カニカン
はなみずき

スカシパーツ①　帯留め　タッセル
蘭

蘭花芯　裏面

ラインストーンの裏の穴に丸カンを通す。そこに先を丸めたOピンをつなげる。

1 帯留め金具にスカシパーツを接着剤で貼る。
2 スカシパーツにカニカンと手作りタッセル（P.84参照）をつける（房はお好みで取り外して使用できる）。
　丸カンのついていない市販のタッセルの場合は、4mm程度のビーズを通したTピン（いずれも材料外）をタッセルの頭の部分に裏側から通し、先を丸める。
3 花、葉パーツをスカシパーツに接着剤で貼る。

〈手作りタッセル〉

1

ポストカードサイズのフォトフレーム裏の板とガラスを外した状態のものに糸を30回巻く。真ん中をしっかり縛って上下の輪部分をはさみで切る。

2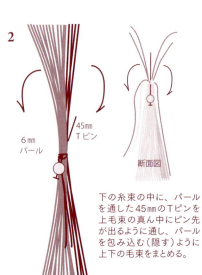

下の糸束の中に、パールを通した45mmのTピンを上毛束の真ん中にピン先が出るように通し、パールを包み込む(隠す)ように上下の毛束をまとめる。

3

糸を巻いて頭になる部分を作り、Tピンに座金やパールを通し、Tピンの先を丸めて余分を切る。房の先を切りそろえる。

4

丸めたTピンの先にカニカンをつける。帯留めのスカシパーツにつける。

P.24 Viola

着色技法 加熱前着色 エナメルジュエリー風　加熱後着色 金ふち取り

花パーツ作り方 → P.44参照　　**型紙** → P.94、95

※(G)…ゴールド、(OGR)…オリエントグリーン

〈使用型紙〉

ピアス
ビオラ…さab 2セット

カブトピンブローチ
ビオラ…さab 1セット

ネックレス
ビオラ…さab 3セット
葉C…た4枚

〈花の材料〉

〔共通〕

プラバン
白プラバン 0.2mm厚

表面加工
〈加熱後〉
パジコ UV-LEDレジン星の雫 ハードタイプ

【ビオラ／カブトピンブローチ用1セット】

塗料
●上の花弁
〈加熱前〉
三菱鉛筆 色鉛筆 NO.880(やまぶきいろ)、(むらさき)…筋
●上、下花弁共通
〈加熱前〉
ゼブラ ハイマッキー(ピンク)、(オレンジ)
〈加熱後〉
ゼブラ マッキーペイントマーカー極細(金)…ふち取り

花芯
ツメ付ラインストーン 5mm(ライトローズ／G)…1個

【ビオラ／ピアス用2セット】

塗料
●上の花弁
〈加熱前〉
三菱鉛筆 色鉛筆 NO.880(むらさき)…筋
ゼブラ ハイマッキー(黄)、(ピンク)
●下の花弁
〈加熱前〉
ゼブラ ハイマッキー(紫)
●上、下花弁共通
〈加熱後〉
ゼブラ マッキーペイントマーカー極細(金)…ふち取り

花芯
ツメ付ラインストーン 5mm(ホワイトオパール／G)…各1個×2

【ビオラ(オレンジ花)／ネックレス用1セット】

塗料
●上の花弁
〈加熱前〉
三菱鉛筆 色鉛筆 NO.880(だいだいいろ)、(むらさき)…筋
ゼブラ ハイマッキー(オレンジ)
●下の花弁
〈加熱前〉
ゼブラ ハイマッキー(紫)
●上、下花弁共通
〈加熱後〉
ゼブラ マッキーペイントマーカー極細(金)…ふち取り

花芯
ツメ付ラインストーン 5mm(ホワイトオパール／G)…1個

【ビオラ(ピンクの花)／ネックレス用1セット】

塗料
●上の花弁
〈加熱前〉
三菱鉛筆 色鉛筆 NO.880(やまぶきいろ)、(あかむらさき)…筋

●上、下花弁共通
〈加熱前〉
ゼブラ ハイマッキー（ピンク）
〈加熱後〉
ゼブラ マッキーペイントマーカー極細（金）…ふち取り
花芯
└ ツメ付ラインストーン 5mm（ライトローズ／G）…1個

【ビオラ（ライトブルーの花）／ネックレス用1セット】
塗料
●上の花弁
〈加熱前〉
三菱鉛筆 色鉛筆 NO.880（だいだいいろ、むらさき）…筋
●上、下花弁共通
〈加熱前〉
ゼブラ ハイマッキー（ライトブルー）
〈加熱後〉
ゼブラ マッキーペイントマーカー極細（金）…ふち取り
花芯
└ ツメ付ラインストーン 5mm（ホワイトオパール／G）…1個

【葉C／ネックレス用4枚】
塗料
〈加熱前〉
三菱鉛筆 色鉛筆 NO.880（ちゃいろ）…筋
ゼブラ ハイマッキー（ライトブラウン）、（ライトグリーン）
〈加熱後〉
ゼブラ マッキーペイントマーカー極細（金）

〈アクセサリー資材〉
〈ピアス〉
スカシパーツ⑨ 6弁花15mm（G）…2個
フックピアス（G）…2個
丸カン 0.7×4mm（G）…4個

〈カブトピンブローチ〉
スカシパーツ⑨ 6弁花15mm（G）…1個
カブトピン 3カン付43mm（G）…1個
ガラスビーズ ティアドロップ（ラスターピンクブラッシュ）…1個
ガラスビーズ 6mm（OGR）…2個
パール 4mm…1個
デザインチェーン（G）…約10cm
Oピン 0.5×20mm（G）…2本
丸カン（G）1×6mm…1個／0.7×4mm…3個

〈ネックレス〉
スカシパーツ⑥ 座金57×16mm（G）…1個
スカシパーツ⑧ ガーランド9×32mm（G）…2個
デザインチェーン（G）…約40cm
ガラスビーズ 6mm（OGR）…2個
ガラスビーズ ティアドロップ（ラスターピンクブラッシュ）…2個
チャーム オカメインコ…1個
Tピン 0.7×20mm（G）…2本
丸カン（G）1×6mm…3個／0.7×4mm…7個
カニカン 7×5mm（G）…1個
アジャスター（G）…1個

型紙の組み合わせ

ピアス	カブトピンブローチ	ネックレス

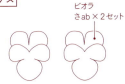
ビオラ さab×2セット

ビオラ さab×1セット

葉C た×4
ビオラ さab×3セット

花パーツの作り方 →P.44参照

【ビオラ】※カブトピンブローチで説明。色以外の手順は全て同様。
〈加熱前着色〉
●上の花弁
1 色鉛筆（やまぶきいろ）→（むらさき）の順で花筋を描く。
●上下花弁共通
2 油性マーカー（ピンク）、（オレンジ）をキッチンペーパーにつけ、エタノールでぼかしながら着色する。
〈成形〉※P44参照
3 オーブントースターで加熱し、上の花弁は指の腹、指先で内側にゆるやかに曲げる。
4 下の花弁は上花弁に重ねてカーブが合うように成形する。上部を少しだけ反らせる。
〈加熱後着色〉
5 不透明マーカー（金）でふち取りする。
〈表面加工〉
6 UV-LEDレジンを塗り、UV-LEDライトに入れて30秒以上照射して硬化させる。

〈花の組み立て〉
7 上下の花弁を接着剤で貼り、上花弁の中心に接着剤でラインストーンを貼る。

【葉】
〈加熱前着色〉
1 色鉛筆（ちゃいろ）で葉脈を描く。
2 油性マーカー（ライトブラウン）、（ライトグリーン）をキッチンペーパーにつけ、エタノールでぼかしながら着色する。
〈成形〉
3 オーブントースターで加熱し、指先で軽く曲げる。
〈加熱後着色〉
4 不透明マーカー（金）でふち取りする。
〈表面加工〉
5 UV-LEDレジンを塗り、UV-LEDライトに入れて30秒以上照射して硬化させる。

アクセサリーに仕立てる ※花と花芯、花とスカシパーツはすべて接着剤で貼る

〈カブトピンブローチ〉 〈ピアス〉

〈ネックレス〉

P.25 Backyard Garden

着色技法 加熱前着色 エナメルジュエリー風　加熱後着色 金ふち取り

花パーツ作り方 → P.45参照　　型紙 → P.93、95

※（G）…ゴールド

〈使用型紙〉

サークルブローチ	ピアス	指輪	ネックレス
小花B …か2枚	小花E …す1枚×2	小花G …ち2枚	葉A …せ2枚
葉B …そ2枚	葉E …た1枚×2		小花D …し1枚
小花G …ち3枚			小花E …す1枚
小花H …つ1枚			小花G …ち2枚

86

〈花の材料〉

〔共通〕

プラバン

白プラバン 0.2mm厚

表面加工

〈加熱後〉

パジコ UV-LEDレジン星の雫 ハードタイプ

【小花B／サークルブローチ用2枚】

塗料

〈加熱前〉

三菱鉛筆 色鉛筆 NO.880（ちゃいろ）…筋

ゼブラ ハイマッキー（紫）

花芯

メタルビーズ 6×2mm（G）…各1個×2

【小花G／サークルブローチ用3枚】

塗料

〈加熱前〉

三菱鉛筆 色鉛筆 NO.880（ちゃいろ）…筋

ゼブラ ハイマッキー（ピンク）、（ライトブラウン）

花芯

メタルビーズ 5×1mm（G）…各1個×3

【小花H／サークルブローチ用　丸い花1枚】

塗料

〈加熱前〉

三菱鉛筆 色鉛筆 NO.880（ちゃいろ）…筋

ゼブラ ハイマッキー（黄）

【葉B／サークルブローチ用　葉2枚】

塗料

〈加熱前〉

三菱鉛筆 色鉛筆 NO.880（ちゃいろ）…筋

ゼブラ ハイマッキー（ライトブラウン）、（ライトグリーン）

【小花E／ピアス用2枚】

塗料

〈加熱前〉

三菱鉛筆 色鉛筆 NO.880（むらさき）…筋

ゼブラ ハイマッキー（赤）

花芯

メタルビーズ 6×2mm（G）…各1個×2

【葉E／ピアス用2枚】

〈加熱前〉

三菱鉛筆 色鉛筆 NO.880（みどり）…筋

ゼブラ ハイマッキー（ライトブラウン）、（ライトグリーン）

【小花G／指輪用2枚】

塗料

〈加熱前〉

三菱鉛筆 色鉛筆 NO.880（ちゃいろ）…筋

ゼブラ ハイマッキー（ピンク）

花芯

メタルビーズ 5×1mm（G）…各1個 ┐

ユリアパール 2.5mm（キスカ）…各1個 ├×2

座金 5mm（G）…各1個 │

Oピン 0.5×20mm（G）…各1本 ┘

【小花D／ネックレス用1枚】

塗料

〈加熱前〉

三菱鉛筆 色鉛筆 NO.880（ちゃいろ）…筋

ゼブラ ハイマッキー（ピンク）

花芯

ミルククラウン 12mm（イエロー）…1個

スワロフスキー #5000 5mm（カプリブルー）…1個

【小花E／ネックレス用1枚】

塗料

〈加熱前〉

三菱鉛筆 色鉛筆 NO.880（むらさき）…筋

ゼブラ ハイマッキー（青）

花芯

メタルビーズ 6×2mm（G）…1個

【小花G／ネックレス用2枚】 ※P.45で手順説明

塗料

〈加熱前〉

三菱鉛筆 色鉛筆 NO.880（ちゃいろ）、（しゅいろ）…筋

ゼブラ ハイマッキー（黄）

花芯

メタルビーズ 6×2mm（G）…各1個×2

【葉A／ネックレス用2枚】

塗料

〈加熱前〉

三菱鉛筆 色鉛筆 NO.880（ちゃいろ）…筋

ゼブラ ハイマッキー（ライトブラウン）、（ライトグリーン）

〈アクセサリー資材〉

〈ネックレス〉

スカシパーツ⑥ 座金 57×16mm（G）…1個

スカシパーツ⑨ 6弁花15mm（G）…2個

デザインチェーン 40cm（G）…1本 半分にカット

ツメ付ラインストーン 10×5mm（アンバーブラウン）…1個

ツメ付ラインストーン 5mm（シャム／G）…1個

チャーム キー 21×7mm（G）…1個

チャーム テントウ虫 7×7mm…1個

丸カン（G）1×6mm…2個／0.7×4mm…4個

〈指輪〉

リング台 カン付11号フリー（G）…1個

スワロフスキー #5000 5mm（アメジストAB）…1個

チェコビーズ 筋入り丸 8mm（ターコイズ）…1個

メタルビーズ スカシ 6mm（G）…1個

Oピン 0.5×20mm（G）…3本

丸カン 0.7×4mm（G）…1個

〈ピアス〉
チタンピアス 6mm 貼付（G）…2個
スワロフスキー #6010 11×5.5mm（ライトターコイズ）…2個
丸カン 0.7×4mm（G）…4個

〈サークルブローチ〉
ヘアパーツ貼付用リング（G）…1個

型紙の組み合わせ

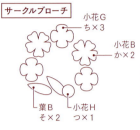
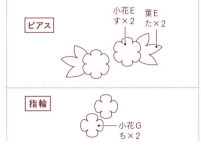
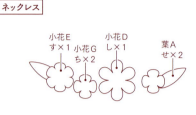

花パーツの作り方 → P.45参照

【小花G】※ネックレス用で説明。
〈加熱前着色〉
1 指定の色鉛筆（ちゃいろ）、（しゅいろ）で筋を描く。
2 油性マーカー（黄）をキッチンペーパーにつけ、エタノールでぼかしながら着色する。
〈成形〉
3 オーブントースターで加熱し、指の腹、指先で内側にゆるやかに曲げる。
〈表面加工、花の組み立て〉
4 花芯パーツをのせ、UV-LEDレジンを塗り、UV-LEDライトで30秒以上照射して硬化させる。

【小花E、葉E】※ピアス用で説明。
〈花の組み立て〉
1 小花Eの中心にUV-LEDレジンを塗り、メタルビーズを置き、UV-LEDライトで30秒以上照射して貼る。
2 葉Eにピンバイスで穴を開ける。
3 葉Eに4mmの丸カンでスワロビーズをつなぐ。
4 小花E、葉E、ピアス金具を接着剤で貼る。

アクセサリーに仕立てる

〈サークルブローチ〉

〈ピアス〉

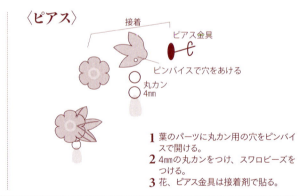

1 葉のパーツに丸カン用の穴をピンバイスで開ける。
2 4mmの丸カンをつけ、スワロビーズをつける。
3 花、ピアス金具は接着剤で貼る。

〈指輪〉

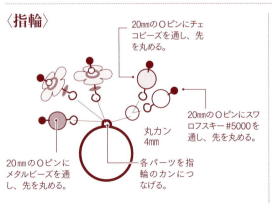

〈ネックレス〉

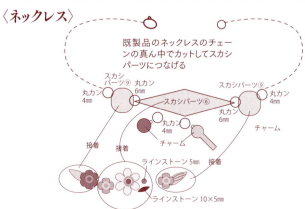

P.26 Green Breeze

着色技法　加熱前着色　すりガラス風

花パーツ作り方　→ P.45参照　　型　紙　→ P.94、前見返し

※（G）…ゴールド、（MOGR）…マットオリエントグリーン

〈使用型紙〉

ネックレス
中花B …こ2セット（4枚）
大花F…1セット（ね1枚＋は1枚）
大花G…2セット（の2枚＋ひ2枚）

ピアス
中花B …こ2セット（4枚）

ヘアコーム
中花B…こ2セット（4枚）
大花G…1セット（の1枚＋ひ1枚）

〈花の材料〉

〔共通〕

プラバン
半透明プラバン 0.2mm厚

【大花F／ネックレス用1セット】
塗料
〈加熱前〉
ゼブラ ハイマッキー（ライトブラウン＋ライトグリーン）
花芯
ミルククラウン 20mm（ホワイト）…1個
ガラスパール 6mm（MOGR）…1個

【中花B／ネックレス用・ピアス用・ヘアコーム用各2セット】
塗料
〈加熱前〉
ゼブラ ハイマッキー（ライトグリーン＋ライトブルー）
サクラクレパス デコレーゼ（ラメグリーン）…筋
花芯
〈ネックレス〉
ミルククラウン 13mm（ホワイト）…各1個 ─┐
ガラスパール 6mm（MOGR）…各1個 ─┘ ×2
〈ピアス〉
ミルククラウン 13mm（ホワイト）…各1個 ─┐
ガラスパール 6mm（MOGR）…各1個 ─┘ ×2
〈ヘアコーム〉
ミルククラウン 13mm（ホワイト）…各1個 ─┐
ガラスパール 6mm（MOGR）…各1個 ─┘ ×2

【大花G／ネックレス用2セット】
塗料
〈加熱前〉
ゼブラ ハイマッキー（ライトグリーン）
サクラクレパス　デコレーゼ（ラメグリーン）…上の花の筋
花芯
ミルククラウン 13mm（ホワイト）…各1個 ─┐
ガラスパール 6mm（MOGR）…各1個 ─┘ ×2

【大花G／ヘアコーム用1セット】
塗料
〈加熱前〉
ゼブラ ハイマッキー（ライトブラウン＋ライトグリーン）
サクラクレパス デコレーゼ（ラメグリーン）…上の花の筋
花芯
ミルククラウン 13mm（ホワイト）…1個
ガラスパール 6mm（MOGR）…1個

〈アクセサリー資材〉

〈ネックレス〉
スカシパーツ① 角丸四角 41mm（G）…1個
スカシパーツ④ 楕円 34×25mm（G）…4個
（a）ガラスパール 3mm（MOGR）…18個
（b）ガラスパール 8mm（MOGR）…10個
（c）ピュータースペーサー…6個
（d）チェコツイスト 19×13mm（アイボリーラスター）…8個
9ピン 0.7×45mm（G）…4本
丸カン（G）1×6mm…10個／0.7×4mm…6個
カニカン 7×5mm（G）…1個
アジャスター（G）…1個
カシメ玉（G）…4個
ボールチップ（G）…4個

〈ピアス〉
スカシパーツ⑨ 6弁花 15mm（G）…2個
チタンピアス 6mm 貼付（G）…2個
アクリルパール 雫 5×8mm（キスカ）…4個
（a）ガラスパール 3mm（MOGR）…6個
（d）チェコツイスト 19×13mm（アイボリーラスター）…2個
カットアズキチェーン（G）…3cm×2
Tピン（G）0.7×30mm…2本／0.7×20mm…4本

〈ヘアコーム〉
コーム 13本足（G）…1個

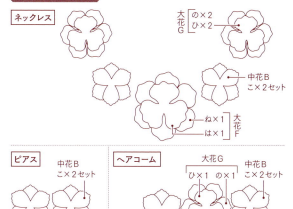

花パーツの作り方 →P.45参照

【大花F】
〈加熱前着色〉
1 油性マーカー（ライトブラウン）、（ライトグリーン）をキッチンペーパー上で混色し、中心と端が濃くなるようにぼかしながらザラザラ面に着色する。

【大花G／ネックレス用】
〈加熱前着色〉
1 油性マーカー（ライトグリーン）をキッチンペーパーにつけ、中心だけ塗るようにぼかしながらザラザラ面に着色する。
2 デコペン（ラメグリーン）で中心に放射線状に筋を描く。

【大花G／ヘアコーム用】
〈加熱前着色〉
1 油性マーカー（ライトブラウン）、（ライトグリーン）をキッチンペーパーにつけ、中心だけ塗るようにぼかしながらザラザラ面に着色する。
2 デコペン（ラメグリーン）で中心に放射線状に筋を描く。

【中花B】
〈加熱前着色〉
1 油性マーカー（ライトグリーン＋ライトブルー）をキッチンペーパーにつけ、ぼかしながらザラザラ面に着色する。
2 デコペン（ラメグリーン）で放射状に花の筋を描く。

● 花パーツ共通
〈成形する〉
1 オーブントースターで加熱し、ザラザラ面を上にして、指の腹や指先で曲げる。
2 2枚目の花は、オーブントースターで加熱し、1つ前の花に重ねてカーブを沿わせるように曲げる。
〈花の組み立て〉
3 中央に接着剤でミルククラウン→パールの順で花芯パーツを貼る。

アクセサリーに仕立てる
〈ネックレス〉

〈ビーズ表記〉
ガラスパール 3mm（MOGR）…（a）
ガラスパール 8mm（MOGR）…（b）
ピュータースペーサー…（c）
チェコツイスト アイボリーラスター…（d）

カニカン
アジャスター
ボールチップ
カシメ玉
テグス

テグスに指定の順にビーズを通す。（図、下からの順）
（a）1個→（b）1個→（c）1個→（b）1個→（a）1個→（d）1個→（a）1個→（b）1個→（c）1個→（b）1個→（a）1個→（d）1個→（a）1個→（b）1個→（c）1個。始まりと終わりはボールチップとカシメ玉を通して締める。

スカシパーツ①

ボールチップ
カシメ玉
丸カン 4mm
スカシパーツ④
丸カン 6mm

4mm・6mmの丸カンで各パーツをつなげる。接着剤で花パーツを貼る。

45mmの9ピンに（a）→（d）→（a）の順にパールを通して先を丸める。

丸カン 6mm
スカシパーツ④
丸カン 6mm
（2つ使用するのはくるくると回ってしまわないように）

右と同様

丸カン 4mm
スカシパーツ①

接着剤で花パーツを貼る。

〈ピアス〉

2 スカシパーツに4mmの丸カンでチェーンと、30mmのTピンにビーズを通して先を丸めたパーツをつける。

接着
ミルククラウン
丸カン 4mm
ピアス金具
スカシパーツ⑨
6mm ガラスパール（MOGR）
チェーン
Tピン

3 花、スカシパーツ、ピアス金具を接着剤で貼る。

1 20mmのTピンにビーズを通して先を丸め、チェーンにつける。

〈ヘアコーム〉
花パーツを接着剤でヘアコームに貼る。

P.27 *Desert Flower*

着色技法 加熱前着色 すりガラス風 / 加熱後着色 金ふち取り

花パーツ作り方 → P.46 参照

型　紙 → 前見返し、後ろ見返し

※(G)…ゴールド

〈使用型紙〉
ピアス
中花F…へ2セット（4枚）

ネックレス
大花I…1セット（へ2枚＋ね1枚＋ふ1枚）

〈花の材料〉
〔共通〕
半透明プラバン 0.2㎜厚

【中花F　1枚目／ピアス】【大花I　奇数枚目／ネックレス】
塗料
〈加熱前〉
ゼブラ ハイマッキー（赤＋オレンジ）
ゼブラ マッキーペイントマーカー極細（金）…ライン
〈加熱後〉
ゼブラ マッキーペイントマーカー極細（金）…ふち取り

【中花F　2枚目／ピアス】【大花I　偶数枚目／ネックレス】
塗料
〈加熱前〉
ゼブラ ハイマッキー（赤）、（オレンジ）、（黒）
ゼブラ マッキーペイントマーカー極細（金）…ライン
〈加熱後〉
　ゼブラ マッキーペイントマーカー極細（金）…ふち取り

花芯
〈中花F〉
ミルククラウン 20㎜（グレイ）…各1個 ─┐
ビーズ 5㎜（クリスタルパールブラック）…各1個 ─┘ ×2
〈大花I〉
ミルククラウン 20㎜（グレイ）…1個
ビーズ 5㎜（クリスタルパールブラック）…1個

〈アクセサリー資材〉
ピアス
スカシパーツ⑨ 6弁花15㎜（G）…2個
フックピアス（G）…2個
ピュータースペーサー 6.5×3.5㎜（G）…2個
ウッドビーズ
　8㎜（黄）…2個
　6㎜（赤）…2個／（緑）…2個
ワックスコード 0.7㎜（黒）…15㎝×2
丸カン 0.7×4㎜（G）…4個

ネックレス
スカシパーツ① 角丸四角 41㎜（G）…1個
ワックスコード 0.7㎜（黒）…約80㎝×1／約25㎝×3
ピュータービーズ（G）9.5×6㎜…4個／7.5×6㎜…3個
ピュータースペーサー 6.5×3.5㎜（G）…12個
アクリルビーズ 筋入り 12㎜（黒）…4個
ウッドビーズ
　16㎜ 6㎜穴（茶）…2個
　12㎜（黄）…18個／（赤）…2個／（茶）…2個
　8㎜（黄）…25個／（赤）…6個／（茶）…4個／（緑）…6個
　6㎜（赤）…8個／（茶）…14個／（緑）…10個
丸カン 1×6㎜（G）…1個

型紙の組み合わせ

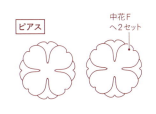

ピアス　中花F へ2セット

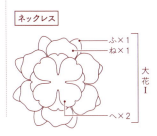

ネックレス
ふ×1
ね×1
大花I
へ×2

花パーツの作り方 →P.46参照

【中花F　1枚目】
【大花I　奇数枚目】
〈加熱前着色〉
1 油性マーカー（赤）、（オレンジ）をキッチンペーパーにつけ、ぼかしながらザラザラ面に着色する。
2 花の筋を不透明マーカー（金）で描く。
〈成形する〉
3 1枚目をオーブントースターで加熱し、ザラザラ面を上にして、指の腹にのせて曲げる。
4 2枚目の花は、オーブントースターで加熱し、ザラザラ面を上にして、1つ前の花に重ねてカーブを沿わせるように曲げる。
〈加熱後着色〉
5 不透明マーカー（金）でふち取りする。

【中花F　2枚目】
【大花I　偶数枚目】
〈加熱前着色〉
1 油性マーカー（黒）をキッチンペーパーにつけ、ぼかしながらザラザラ面に着色する。次に（赤）、（オレンジ）を同様に塗り、混色する。
2 花の筋を不透明マーカー（金）で描く。
〈成形する〉
3 オーブントースターで加熱し、ザラザラ面を上にして、1枚目は指の腹で、2枚目は1つ前の花に重ねてカーブを沿わせるように曲げる。
〈加熱後着色〉
4 不透明マーカー（金）でふち取りする。

〈花の組み立て／共通〉
1 花パーツを接着剤で貼り合わせる。
2 中央に接着剤でミルククラウン→ビーズの順で花芯パーツを貼る。

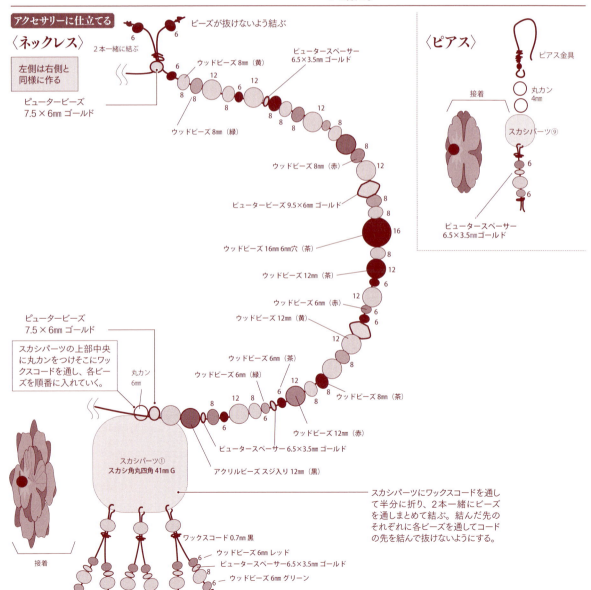

各作品実物大型紙
（アクセサリー名…型紙使用枚数）

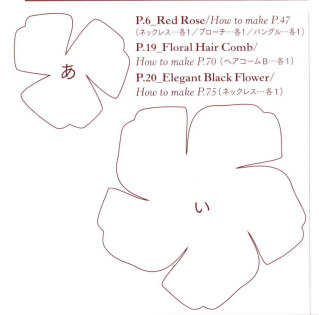

P.6_Red Rose/*How to make P.47*
（ネックレス…各1／ブローチ…各1／バングル…各1）

P.19_Floral Hair Comb/
How to make P.70（ヘアコームB…各1）

P.20_Elegant Black Flower/
How to make P.75（ネックレス…各1）

P.6_Red Rose/*How to make P.47*
（ネックレス…1／ブローチ…1／バングル…1）

P.19_Floral Hair Comb/*How to make P.70*
（ヘアコームB…2）

P.20_Elegant Black Flower/*How to make P.75*
（ネックレス…2）

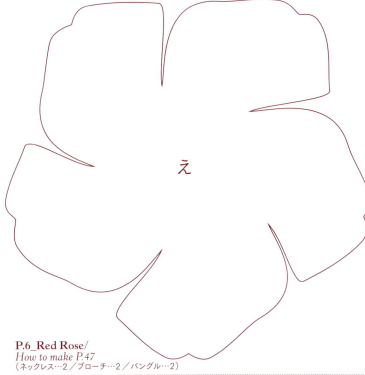

P.6_Red Rose/
How to make P.47
（ネックレス…2／ブローチ…2／バングル…2）

P.6_Red Rose/*How to make P.47*
（ネックレス…2／ブローチ…1／バングル…1／指輪…1）

P.10_Art Nouveau Flower/*How to make P.53*
（ネックレス…2／バッグチャーム…2）

P.11_Silver Frost Flower/*How to make P.55*
（ネックレス…2／フープイヤリング…2）

P.15_Tortoiseshell Jewelry/*How to make P.62*
（ピアス…2）

P.16_Flower Garden/*How to make P.63*
（ネックレス…5／ピアス…4／バレッタ…3）

P.17_Yellow Flower Garland/*How to make P.67*
（ネックレス…3／ピアス…2）

P.19_Floral Hair Comb/*How to make P.70*
（ヘアコームA…1）

P.6_Red Rose/*How to make P.47*
（ブローチ…2／バングル…1）

P.11_Silver Frost Flower/*How to make P.55*
（ネックレス…6／フープイヤリング…4）

P.16_Flower Garden/*How to make P.63*
（ネックレス…7／ピアス…2）

P.19_Floral Hair Comb/*How to make P.70*
（ヘアコームA…1）

P.25_Backyard Garden/*How to make P.86*
（サークルブローチ…2）

93

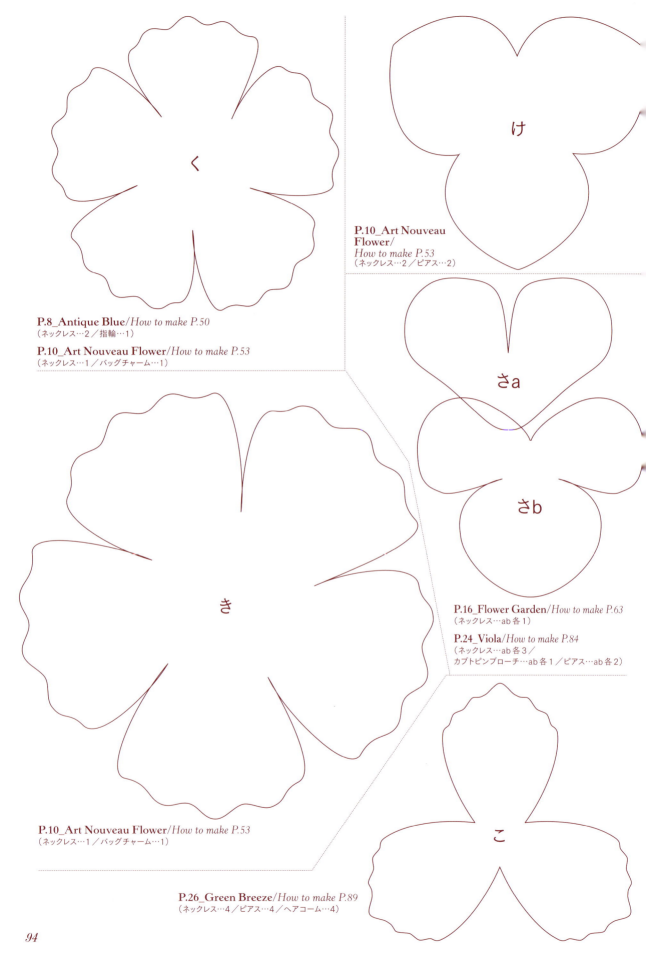

P.8_Antique Blue/*How to make P.50*
(ネックレス…2／指輪…1)

P.10_Art Nouveau Flower/*How to make P.53*
(ネックレス…1／バッグチャーム…1)

P.10_Art Nouveau Flower/
How to make P.53
(ネックレス…2／ピアス…2)

P.16_Flower Garden/*How to make P.63*
(ネックレス…ab各1)

P.24_Viola/*How to make P.84*
(ネックレス…ab各3／
カブトピンブローチ…ab各1／ピアス…ab各2)

P.10_Art Nouveau Flower/*How to make P.53*
(ネックレス…1／バッグチャーム…1)

P.26_Green Breeze/*How to make P.89*
(ネックレス…4／ピアス…4／ヘアコーム…4)

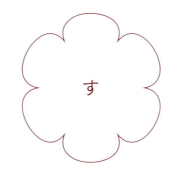
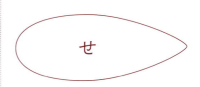

P.9_Antique Gold Flower/*How to make P.52*
(ネックレス…36／ピアス…6)

P.25_Backyard Garden/*How to make P.86*
(ネックレス…1／ピアス…2)

P.19_Floral Hair Comb/*How to make P.70*
(ヘアコームB…3)

P.22_Olive/*How to make P.80*
(ネックレス…11／ピアス…6／ヘアコーム…6)

P.25_Backyard Garden/*How to make P.86*
(ネックレス…2)

P.7_White Pearl Floret/*How to make P.49*
【実線】(ネックレス…3／ピアス…2)

P.17_Yellow Flower Garland/*How to make P.67*
【実線】(ネックレス…4／ピアス…2)

P.19_Floral Hair Comb/*How to make P.70*
【実線】(ヘアコームA…1)

P.20_Elegant Black Flower/*How to make P.75*
【実線】(ネックレス…1)【点線】(ネックレス…1)

P.25_Backyard Garden/*How to make P.86*
【実線】(ネックレス…1)

P.19_Floral Hair Comb/*How to make P.70*
(ヘアコームB…4)

P.22_Olive/*How to make P.80*
(ネックレス…14／ピアス…8／ヘアコーム…7)

P.25_Backyard Garden/*How to make P.86*
(サークルブローチ…2)

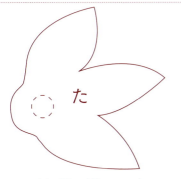

P.25_Backyard Garden/
How to make P.86
(サークルブローチ…1)

P.21_White Floral Bouquet/
How to make P.77
(ネックレス…5／コサージュクリップ…7／ピアス…2／バングル…3)

P.22_Olive/*How to make P.80*
(ネックレス…1)

P.24_Viola/*How to make P.84*
(ネックレス…4)

P.25_Backyard Garden/
How to make P.86 (ピアス…2)

P.7_White Pearl Floret/*How to make P.49*
【実線】(ネックレス…10／指輪…2)

P.20_Elegant Black Flowers/*How to make P.75*
【実線】(ネックレス…2)

P.22_Olive/*How to make P.80*
【点線】(ネックレス…4／ピアス…2／ヘアコーム…3)

P.25_Backyard Garden/*How to make P.86*
【実線】(ネックレス…2／指輪…2／サークルブローチ…3)

P.19_Floral Hair Comb/*How to make P.70*
(ヘアコームB…5)

P.21_White Floral Bouquet/*How to make P.77*
(ネックレス…20／コサージュクリップ…11／ピアス…8／バングル…12)

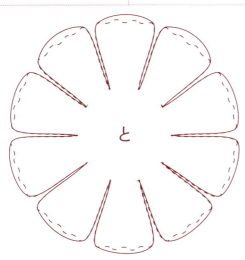

P.13_Classic Pink/*How to make P.58*
【実線】(ネックレス…2／ピアス…2)

P.16_Flower Garden/*How to make P.63*
【点線】(ネックレス…1)【実線】(ネックレス…2)

{ Profile }

NanaAkua（ナナアクヤ）

東京と長野県松本市の2カ所を拠点に、全国で活動するデザイナー。武蔵野美術大学短期大学部空間演出デザイン専攻卒。卒業後はカナダとガーナでの生活経験もある。企業内デザイナー等を経て独立、現在はクリエイティブユニット「nanabo」の中でグラフィック、空間デザインを担当。消しゴムハンコ、プラバンなどのワークショップ講師としても活躍している。著書に『ナナアクヤの花プラバンの教科書』（講談社）ほか多数がある。

https://nanabo.jp/

【材料協力】（50音順）
- 株式会社カワチ／tel.06-4963-2288
  http://www.kawachigazai.co.jp
- コニシ株式会社／tel.0120-281-168
  http://www.bond.co.jp
- 株式会社サクラクレパス／tel.06-6910-8818
  https://www.craypas.com
- ゼブラ株式会社／tel.0120-555335
  http://www.zebra.co.jp
- 株式会社タミヤ／tel.054-283-0003（カスタマーサービス課）
  http://www.tamiya.com
- 株式会社ツキネコ／tel.03-3834-1080
  http://www.tsukineko.co.jp
- 株式会社パジコ／tel.03-6804-5171
  http://www.padico.co.jp
- 藤久株式会社／tel.0120-478-020
  https://www.crafttown.jp
- ペベオ株式会社／tel.078-414-7267
  http://www.pebeo.co.jp
- 三菱鉛筆株式会社／tel.0120-321433
  https://www.mpuni.co.jp

【Staff】
- 協力／波田野岳彦（nanabo）
- 撮影／伊藤泰寛（講談社写真部）
- デザイン／田中小百合（osuzudesign）

※掲載作品を複製して販売（店頭、ネットオークション、バザーなど）することを固くお断りします。

"エナメルジュエリー"を自宅で再現
『ジュエリープラバン』の教科書
2018年6月21日　第1刷発行

著　者　NanaAkua（ナナアクヤ）
発行者　渡瀬昌彦
発行所　株式会社講談社
　　　　〒112-8001　東京都文京区音羽2-12-21
　　　　販売　TEL03-5395-3606
　　　　業務　TEL03-5395-3615
編　集　株式会社 講談社エディトリアル
代　表　堺　公江
　　　　〒112-0013　東京都文京区音羽1-17-18
　　　　護国寺SIAビル6F
　　　　編集部　TEL03-5319-2171
印刷所　凸版印刷株式会社
製本所　大口製本印刷株式会社

定価はカバーに表示してあります。
本書のコピー、スキャン、デジタル化等の無断複製は著作権法上での例外を除き禁じられております。
本書を代行業者等の第三者に依頼してスキャンやデジタル化することは
たとえ個人や家庭内の利用でも著作権法違反です。
落丁本・乱丁本は、購入書店名を明記の上、講談社業務あてにお送りください。
送料小社負担にてお取り替えいたします。
なお、この本についてのお問い合わせは、講談社エディトリアルあてにお願いいたします。

©NanaAkua 2018 Printed in Japan
N.D.C.594 95 p 26cm ISBN978-4-06-220854-3